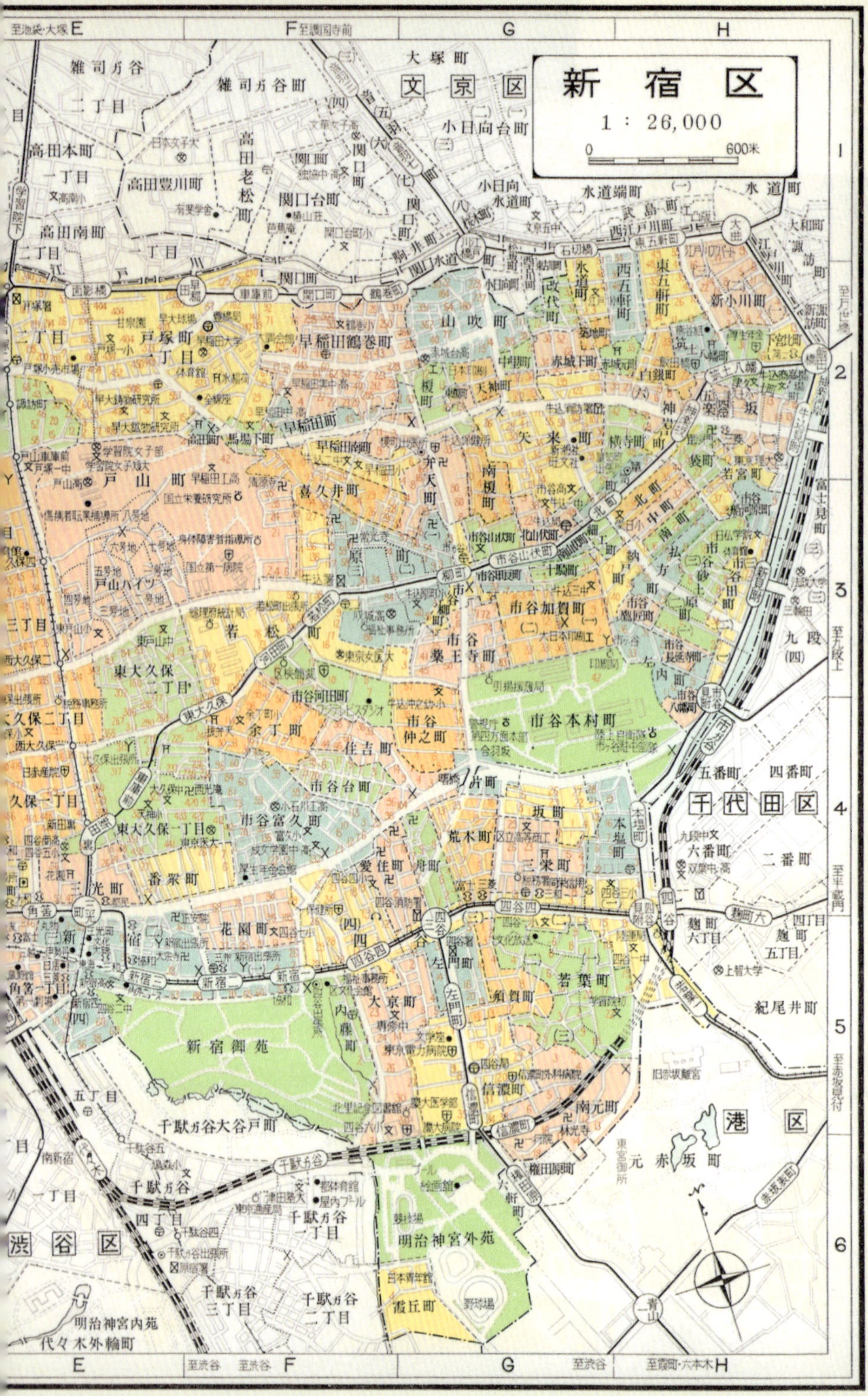
新宿区
1：26,000
0
600米
文京区
千代田区
港区
渋谷区
至池袋・大塚
至護国寺前
至万世橋
至九段上
至半蔵門
至赤坂見付
至渋谷
至霞町・六本木
雑司ヶ谷
雑司ヶ谷町
大塚町
小日向台町
高田本町
高田豊川町
高田老松町
関口台町
関口町
関口駒井町
小日向水道町
水道端町
水道町
武島町
西江戸川町
大和町
東五軒町
西五軒町
水道町
改代町
新小川町
山吹町
榎町
天神町
早稲田鶴巻町
戸塚町一丁目
戸塚町二丁目
早稲田町
早稲田南町
馬場下町
矢来町
横寺町
神楽坂
若宮町
戸山町
喜久井町
弁天町
南榎町
北町
中町
南町
払方町
市谷砂土原町
市谷田町
富士見町
原町
柳町
市谷加賀町
市谷薬王寺町
市谷鷹匠町
市谷長延寺町
九段
若松町
河田町
東大久保二丁目
東大久保一丁目
余丁町
住吉町
市谷仲之町
市谷本村町
市谷台町
片町
五番町
四番町
六番町
二番町
市谷富久町
荒木町
坂町
本塩町
三栄町
愛住町
舟町
番衆町
三光町
花園町
四谷
四谷四
麹町六丁目
麹町五丁目
紀尾井町
大京町
内藤町
左門町
須賀町
若葉町
新宿御苑
信濃町
南元町
元赤坂町
千駄ヶ谷大谷戸町
千駄ヶ谷
千駄ヶ谷一丁目
千駄ヶ谷二丁目
千駄ヶ谷三丁目
明治神宮外苑
霞ヶ丘町
野球場
権田原町
六軒町
明治神宮内苑
代々木外輪町
青山
旧赤坂離宮
早稲田大学
学習院女子部
国立第一病院
東京女医大
陸上自衛隊
慶大医学部
慶大病院
上智大学
E
F
G
H
1
2
3
4
5
6

6 新宿区

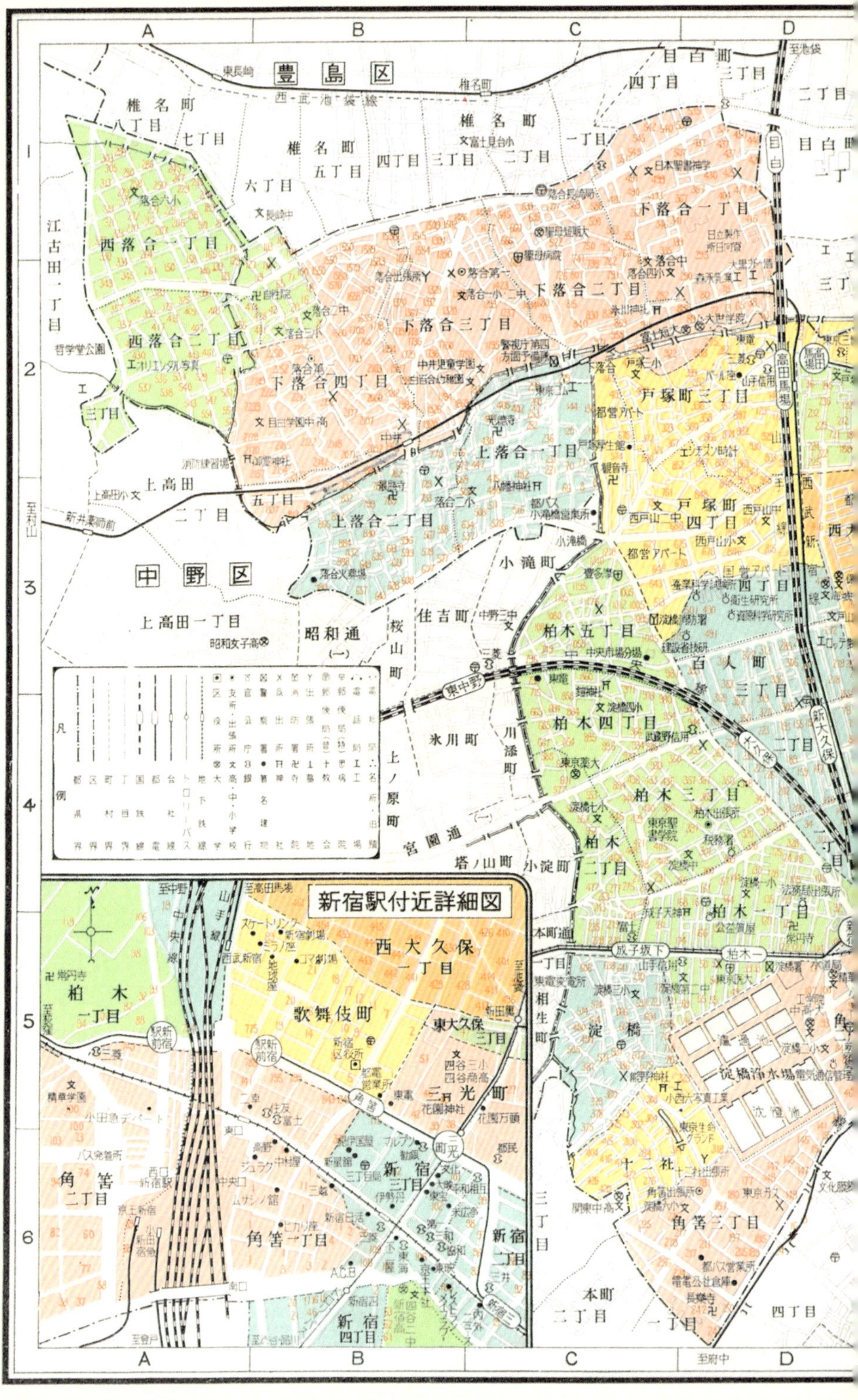

口絵1 昭和38年の新宿区地図 加藤嶺夫が実際に使用していた『東京都最新区分地図帖』(昭和38年版、東京地図出版)から転載。

加藤嶺夫写真全集

昭和の東京 1

新宿区

deco

目次

1 新宿駅周辺

新宿駅東口

新宿駅西口

2 百人町、大久保、落合、高田馬場、早稲田

北新宿、百人町

大久保

凡例

＊ 1（a）は、本書のための写真番号です。撮影地点地図（*152 ～ 155* ページ）、撮影年譜（*156 ～ 159* ページ）とこの写真番号によって照合できます。
＊ キャプション（b）は、加藤嶺夫がネガケースに書いたメモ（撮影地点と撮影年月日）をそのまま掲載しました。撮影地点の町名と番地は、撮影当時のものです。これに、必要に応じて編集部による補足説明（c）を付しました。
＊ Ⓚ、Ⓘ（d）は、それぞれ監修の川本三郎、泉麻人のおすすめ写真です。

a　b　d

1「都電角筈終点」昭和44年6月15日 Ⓚ Ⓘ
電停の正式名は「新宿駅前」。靖国通りの新宿大ガード東交差点付近。角筈（つのはず）は、西新宿、歌舞伎町、新宿それぞれの一部にまたがる旧町名　— c

この「加藤嶺夫写真全集」は、加藤嶺夫が撮影した東京の風景写真を区ごとに編集したものです。刊行に際して残されたネガフィルム全１１３０本を精査し、ページ数の許す範囲で最大限収録することを編集方針としました。そのほとんどが未発表のもので、加藤嶺夫自身がプリントしなかった写真も数多く含まれています。加藤嶺夫の追いかけたテーマは、一貫して「消えゆく東京の街角」でした。撮影日が平成時代の写真も含まれていますが、被写体の中心に据えられているのはまぎれもなく昭和の街角風景ですので、タイトルを「昭和の東京」としました。加藤万太郎氏の全面的なご協力にこの場を借りて御礼もうしあげます。

編集部

1

新宿駅周辺

角筈（つのはず）は、西新宿、歌舞伎町、新宿それぞれの一部の旧町名

1 「都電角筈終点」昭和44年6月15日 ⓀⒾ　電停は「新宿駅前」。靖国通りの新宿大ガード東交差点付近。

3 「新宿駅東口」
昭和47年8月5日
駅前から北方、二幸（現在のアルタ）方向をのぞむ

2 「新宿駅前」昭和47年12月22日
新宿駅東口広場を西から東方向にのぞむ。右端のビルが新宿駅

4 「西武新宿駅」昭和48年2月25日

5 「新宿地下道西口から東口」昭和44年6月15日

6 「西武新宿駅」
昭和43年1月24日

新宿三丁目、新宿通り、歩行者天国、日活オスカー

7 「日活オスカー」昭和47年4月29日 Ⓚ　昭和47年5月閉館。現在はマルイシティ新宿

8 「アルタ前から四ッ谷方面」昭和59年6月21日　新宿通りの新宿駅東口交差点

9 「紀伊国屋ビル前」昭和51年3月23日 ❶　新宿通り

新宿駅東口

新宿三丁目、新宿通り、歩行者天国

天国は昭和45年8月2日に始まった

10 「新宿通り」昭和52年8月20日　新宿3丁目西交差点から新宿駅東口方向を見る。新宿通りの歩行者

11 「新宿3-107から三光町方面」昭和43年2月5日 Ⓘ　明治通り。左手奥に伊勢丹が見える

13 「新宿3-37から北方を見る」
昭和59年6月21日

12 「新宿3-37」昭和61年5月24日 Ⓚ
階段上が甲州街道

15「新宿3-35先から東方」
平成4年1月11日
右は昭和館。現在はSHOWAKAN-BLD

14「新宿3-34先から南方」
平成5年2月20日
奥は昭和館

17「末広亭」
昭和47年4月22日

16「新宿3-1先から西北方・3-14伊勢丹百貨店」
平成4年5月15日

から北の靖国通り方面をのぞむ。左が新宿3丁目、右が新宿2丁目

18 「新宿3丁目（都電）」昭和43年1月15日 Ⓚ　新宿通りと御苑大通りが交差する新宿2丁目交差点付近

新宿四丁目、旅館街、新宿場外馬券売場

19「新宿4-4から南方」
昭和59年11月18日

20「新宿4-63から代々木方面」
昭和44年6月15日

21「新宿4-1（旅館街）」平成5年5月3日　現在の高島屋タイムズスクエア脇。この一帯は旅館街だった

22「新宿場外馬券売場」平成2年6月11日　甲州街道。新宿4丁目交差点から新宿駅南口方面を見る

23 「新宿3-15から区役所通り」昭和61年7月27日　靖国通りの区役所前交差点

24 「歌舞伎町一番街を歌舞伎町1-23から見る」昭和59年10月17日

歌舞伎町一丁目、新宿コマ劇場、ミラノ座

25「コマ劇場からミラノ座」昭和60年5月11日

26「歌舞伎町1-19（新宿コマ劇場）」平成4年1月12日 Ⓚ　平成20年12月31日閉館

27 「歌舞伎町1-22から東方」昭和61年11月9日

29 「歌舞伎町1-30先から東方」
平成5年9月12日

28 「歌舞伎町1-3（トルコ風呂看板）」
昭和59年11月24日

新宿駅東口

歌舞伎町二丁目風俗街

30 「歌舞伎町1-10から歌舞伎町2丁目方向」昭和59年12月21日

31 「歌舞伎町2-4」平成2年5月13日

32 「都立大久保病院」昭和62年6月19日　平成5年に高層ビル化された

33「歌舞伎町2-14から南東を見る」
昭和60年5月11日

34「歌舞伎町2-27先から東方（新内流し）」
平成4年6月18日

35「歌舞伎町2-5から北方（ラブホテル）」
昭和59年11月24日

36「新宿2-68（旧赤線）」
昭和47年6月2日
右手に質屋の看板が見える。この付近には赤線客相手の質屋が多かった

37「新宿赤線跡」
昭和47年6月2日
赤線は公認で売春が行われていた区域。昭和33年の「売春防止法」施行により廃止され、以後飲み屋や風俗店の街に変わった

38「新宿2-59」
昭和43年2月4日
不動通り

39「新宿 1-10（随園別館）」
平成4年6月7日 ❶

40「新宿 1-27」
昭和62年3月9日

41「新宿 1-83から新宿御苑新宿門」
昭和44年5月24日
左手の旧新宿門衛所
（昭和2年建造）は現存

歌舞伎町1丁目・新宿5丁目（一部）の旧町名

42 「三光町46から伊勢丹方面」昭和44年5月24日 Ⓘ　明治通りの新宿5丁目交差点付近。三光町は、

43「新宿5-18から南方」
平成2年8月12日

44「新田裏から池袋方面」
昭和47年6月2日
明治通り。中央は新宿6丁目交差点。「新田裏」（しんでんうら）は、現在の新宿6丁目交差点付近の通称。都電の新田裏電停があった

45「三光町」昭和43年1月24日

現在の新宿5丁目東交差点から北方。御苑大通りから明治通りへのバイパス新設工事

46「歌舞伎町1-2から南方 1-1ゴールデン街」平成3年12月8日 Ⓚ　低い家並がゴールデン街

47 「ゴールデン街」 昭和61年7月15日

48「ゴールデン街」
昭和61年7月15日
歌舞伎町1丁目。ゴールデン街一帯は、昭和53年7月の町名変更によって、三光町から歌舞伎町1丁目になった

49「三光町ゴールデン街」
昭和43年5月11日

50「御苑街夜景」
昭和42年11月15日

都電が専用軌道を走っていた

51 「新宿6-25先 文化センター通りを北東方」昭和42年10月8日 Ⓚ Ⓘ　現在の文化センター通りに沿って

52 「新宿6-19（まねき通り商店会）から抜弁天方面」昭和59年7月21日

53「内藤町1先 新宿通りを東方」昭和42年3月　四谷4丁目交差点

54「新宿7-27先を東方」昭和42年3月10日　抜弁天通り。大久保消防出張所の火の見やぐらが見える

消火栓

55 「新宿駅西口広場」昭和49年5月1日　右端が駅ビル

56「淀橋第2小学校から調布方面」昭和43年1月24日 K　淀橋浄水場跡地。左奥はガスタンク

57「副都心」昭和45年3月29日 K　右は建設中の京王プラザホテル

58「西新宿5-18から東南方」平成3年5月26日 ❶　右側のツインタワーは都庁舎

59「副都心から成子坂」昭和46年3月28日　奥に青梅街道の成子天神下交差点

新宿駅西口、大ガード西交差点、西口地下街

61 「新宿駅西口」昭和46年4月1日　地下ターミナル

60 「新宿西口商店街」
昭和46年7月24日
大ガード西交差点

62 「新宿駅西口地下街」
平成5年10月23日

63 「新宿駅西口」昭和46年4月1日　改札口付近

64「角筈2丁目（マーケット）」
昭和43年2月4日
現在の西新宿1丁目付近

65「西新宿1-2
（ションベン横丁）」
昭和59年11月24日
戦後の闇市の名残りをとどめる「思い出横丁」。「ションベン横丁」は俗称

66 「西新宿1-2先から南方、1-1（新宿西口七福小路）」平成6年3月26日
七福小路は、平成11年、新宿パレットビル建て替えに伴い消滅

67 「西新宿1-2（西口飲食店街）」平成6年3月2日 ❶

68「新宿駅南口から南方」昭和60年5月26日

69「西新宿1-1新宿駅」昭和42年5月27日　甲州街道、新宿陸橋上の新宿駅南口

71「西新宿4-29（十二社三業地）」
昭和61年7月12日 Ⓘ　三業地とは花街のこと

70「西新宿3-7（東京ガス淀橋整圧所）」
昭和62年6月25日　現在は新宿パークタワー

72「十二社辨天池」昭和43年1月24日 Ⓚ Ⓘ　十二社（じゅうにそう）の池があった頃は花街として賑った

73「淀橋644から成子坂下方面」昭和43年1月24日　淀橋は西新宿の一部の旧町名

74「西新宿5-4から成子坂下方面」昭和46年3月28日　十二社通り

75 「西新宿5-5から西方（けやき通り）」昭和60年11月16日 Ⓘ

けやき橋商店会。平成25年に着工予定の再開発工事によって、この通りは消滅する

76「西新宿6-8（畑）」平成9年10月17日

78「西新宿6-3から青梅街道方面」
昭和59年11月24日

77「西新宿6-4」
平成2年7月5日

79「西新宿7-19」
平成9年10月17日

80「西新宿7-5
（新宿ロフト）」
平成6年7月23日
昭和51年にオープン。
平成11年に歌舞伎町
に移転

81「西新宿7-16」撮影年月日不明　小滝橋通り

82 「西新宿8-22」昭和62年4月30日

83 「西新宿8-22から北新宿2-2を望む」昭和62年4月30日　現在の税務署通り

84「西新宿8-1先から西方」
平成3年7月4日
青梅街道の歩道

85「西新宿8-16から成子天神社」
撮影年月日不名
右の建物はビル化されたが、階段は残っている

86「西新宿8-4（アパート）」
平成2年5月13日

87 「高速4号線工事」昭和43年1月24日　首都高速4号新宿線開通に伴う道路工事

2

百人町、大久保、落合、高田馬場、早稲田

北新宿一丁目、北新宿百人町交差点

交差点そば。柏木は、西新宿6・7・8丁目・高田馬場3丁目（一部）と北新宿の旧町名

88 「柏木3-338から百人町方面」昭和43年8月17日 Ⓘ　現在の税務署通りを東にのぞむ北新宿百人町

89「北新宿1-12から3-9方面」
昭和59年11月24日
大久保通りの西をのぞむ。右に折れる通りは「柏木親友会」

90「北新宿1-1から西方」
昭和62年7月2日 ❶
税務署通りの北新宿百人町交差点から西をのぞむ。当時は職安通りから続く道幅の狭い道だったが、道路拡幅のため右側の北新宿1丁目側が取り壊され、税務署通りが誕生した

91「北新宿2-6」平成9年3月20日

93「北新宿2-1（アパート）」
平成2年5月13日

92「北新宿2-27」平成2年5月13日
税務署通りの開通により27という番地は消滅

94「小滝橋を上流から下流」
昭和47年6月18日 Ⓚ
神田川

95「北新宿3-9から19方面」
昭和59年11月24日
柏木親友会

96 「淀橋青果市場」昭和43年3月10日 Ⓚ Ⓘ　中央卸売市場淀橋市場として現存

97 「淀橋青果市場」昭和43年3月10日

98「百人町・中央線ガードから山手線を見る」
昭和43年8月17日
職安通り

99「新大久保駅」
昭和43年2月10日
大久保通り

100「大久保駅」
昭和43年1月29日
大久保通り

101「百人町1-10先から南方」平成4年5月19日　新大久保駅近く

103「百人町1-7から新宿駅方面」
昭和61年6月28日　右は西武新宿線

102「百人町1-4から南方」
昭和59年11月17日

104 「東大久保1丁目（歌舞伎町側）から新田裏を見る」昭和43年2月5日 Ⓚ Ⓘ

東大久保1丁目は、新宿5・6丁目の一部の旧町名

105「西大久保1丁目から山手線ガードを見る」昭和43年8月17日　職安通り

106「西大久保1-392（旅館街）」昭和43年2月4日
西大久保1丁目は、歌舞伎町2丁目と新宿6丁目（一部）の旧町名

108「西大久保2-306から北方」
昭和43年2月5日 Ⓚ
明治通り。中央は大久保2丁目交差点。102系統（池袋駅前-渋谷駅前-品川駅前）のトロリーバスが見える

107「西大久保4丁目から明治通り方面」
昭和44年2月2日
諏訪通り。火の見やぐらは戸塚消防出張所。
西大久保4丁目は、大久保2・3丁目・戸山
3丁目（一部）の旧町名

109「西大久保1丁目角から明治通り」
昭和47年4月29日　新宿7丁目交差点

110「西大久保4丁目・国鉄官舎から北方」
昭和44年1月19日
線路は山手線と西武新宿線。左手の団地は、
現在西戸山タワーホウムズになっている

111「大久保3-8から大久保3-7」昭和43年8月18日　右は西武新宿線と山手線

112「大久保3-7（仕切場）」昭和60年1月2日 ❶　仕切場とは、廃品を整理・取引する場所のこと

113「東大久保2-234から南方」昭和46年3月28日　まねき通り商店会。現在、通りの左は富久町

114「東大久保2丁目から大久保通りを西方、明治通り方面」昭和47年6月18日

115「上落合1丁目（下水処理場）」
昭和43年2月5日

116「上落合1-8（共同水道）」
平成9年11月14日
共同井戸の名残りである共同水道は、東京都では平成6年に廃止されたが、都水道局の管轄外の水道として現在も都内に残っている

117「上落合2-29から西方」
昭和47年6月18日
早稲田通りと山手通り（左右）の交差点

118「落合火葬場」
昭和46年6月27日 Ⓚ
落合斎場。平成12年の改築によって最新式の火葬場となり、煙突は消滅した

119「中落合1-5から環6交叉点」昭和43年2月5日 Ⓘ
新目白通り（十三間通り）と山手通りの交差点付近

120「中落合2-5（聖母病院）」平成4年3月11日 ⓀⒾ

121「中落合3-18（目白文化村）」
昭和43年6月30日 Ⓘ
目白文化村（落合文化村とも）は、西武グループの創業者・堤康次郎が開発した郊外住宅地。大正11年から分譲開始

122「中落合3-12先から西北方・正面は落合文化村第1号」
平成4年5月24日 Ⓘ

123「中落合3-2から目白方面」昭和44年12月28日　山手通り

124「中落合3-1から
目白駅方向（目白通り）」
昭和47年1月13日 ❶
南長崎1丁目交差点

125「中落合3-23（米屋）」
昭和43年6月30日 ❶

126「西落合1-3から西落合3丁目」昭和47年1月13日　新目白通りの西落合1丁目交差点

127「西落合3-22（畑）」昭和46年10月6日 ❶

129「中井駅」
昭和59年11月24日

128「中井1-3から下流」
昭和46年6月26日 Ⓚ
妙正寺川。高架は山手通り

130「中井駅」
昭和47年1月13日

131「下落合1丁目から国鉄」昭和46年5月9日 Ⓚ Ⓘ　神田川。奥は西武新宿線

132「落合橋から上流を見る」昭和43年6月30日　神田川。現在、右手の妙正寺川の流路は塞がれている

133「下落合駅」昭和44年12月28日　上落中通りの西武新宿線踏切。奥が新宿方面

高田馬場

早稲田通り

134「高田馬場駅」昭和43年3月3日 ❶　早稲田通り。高架は西武新宿線

135「高田馬場ののみ屋街」昭和43年6月30日（135）　早稲田通り

136「高田馬場駅」昭和46年5月9日 ❶

137「高田馬場駅東口前」昭和43年10月12日

138「高田馬場ののみ屋街」昭和43年6月30日

高田馬場一丁目、早稲田松竹、日本館、らんぶる

139「高田馬場1-5（早稲田松竹）」平成5年3月20日 I

141「高田馬場1-5（らんぶる）」
平成3年11月14日 Ⓚ Ⓘ

140「高田馬場1-9（日本館）」昭和61年9月21日 Ⓚ
戦前から続く賄い付き下宿、現存

142「高田馬場1-4」昭和62年5月26日　早稲田通りと明治通りが交差する馬場口交差点

143「諏訪町54から戸塚消防署を見る」昭和43年6月16日　諏訪町交差点

144「諏訪町186から明治通り方面」昭和43年6月16日　諏訪通り。現在は道路が拡幅されている

146「諏訪町20から新宿方面」
昭和44年10月10日
現在の西早稲田2丁目。諏訪町は、
高田馬場1丁目・西早稲田2丁目・
戸山3丁目（一部）の旧町名

145「諏訪町139」昭和47年6月18日
現在の高田馬場1丁目

147「諏訪町25から新宿方面」
昭和44年10月10日
左に新早稲田館

149「西大久保3-43
（練兵場跡）」
昭和47年6月18日 ❶
大久保2丁目のコズ
ミックセンター付近

148「戸山ハイツ」
昭和43年3月10日 Ⓚ Ⓘ
現在は、都営戸山ハイツ（団地）になっている。右奥は戸山教会。中央奥の山は箱根山

150「旧戸山原練兵場跡」昭和44年10月10日 Ⓚ Ⓘ
箱根山のあたりは、かつて戸山ヶ原と呼ばれ、明治以降は陸軍の用地となり、陸軍戸山学校や射撃場、演習場が置かれた

早稲田通り、西早稲田交差点、松の湯

目は、戸塚町、西早稲田1丁目、西早稲田2・3丁目（一部）の旧町名。奥に松の湯

151「戸塚町1-450から飯田橋方面」昭和43年3月24日　早稲田通り。奥が西早稲田交差点。戸塚町1丁

152「戸塚町2-1045」昭和43年3月24日　戸塚町2丁目は、高田馬場1・2丁目・西早稲田2・3丁目（一部）の旧町名

153「戸塚町1丁目のパン屋」
昭和43年6月16日
西早稲田交差点にあった

154「戸塚町2-76」昭和44年1月15日

155「戸塚町1-450（露地）」昭和43年3月24日　つきあたりは早稲田通り

156「戸塚町1-410から下流」昭和45年4月27日 Ⓚ　神田川にかかる豊橋

157「西早稲田1-4（帽子屋）」昭和61年9月20日　早大西門通り

158「戸塚球場」昭和43年10月10日　早大の安部球場。昭和62年に閉鎖

160「西早稲田 1-15」昭和 62 年 5 月 26 日

159「西早稲田 1-4（横丁）」昭和 61 年 9 月 20 日

162「西早稲田 1-5 から東方を見る」
昭和 61 年 9 月 20 日 ❶　早大西門通り

161「西早稲田 1-22 から 3-5 を見る」
昭和 61 年 9 月 21 日

早稲田車庫前電停、高田牧舎

昭和の終わり頃まで、この通りに割烹の出店があった

163「早稲田車庫前電停」昭和43年3月3日 ❶　新目白通り。高田牧舎は早大南門前に今もある老舗洋食店。

165「西早稲田2-17
（新早稲田館）」
平成5年5月3日
戦前から続く賄い付き
下宿。現在は廃業

164「西早稲田2-4先から北方」
平成3年11月14日
早稲田通りの西早稲田交差点

166「西早稲田2-5（鳩の居る家）」平成9年5月23日
早稲田通り

167「面影橋電停から早稲田方面」昭和43年3月3日 Ⓚ Ⓘ　現在の新目白通り

168「戸塚町3-281（養田悦士・東京染）」昭和43年6月30日 Ⓚ Ⓘ
高田馬場3丁目の養田染芸。東京染小紋は、
昭和49年、伝統的工芸品に指定された

170「西早稲田3-5（露地）」昭和61年9月21日
環状4号線新設により消滅

169「西早稲田（安兵衛湯）」昭和51年9月 Ⓚ
昭和48年のヒット曲『神田川』のモデルといわれる

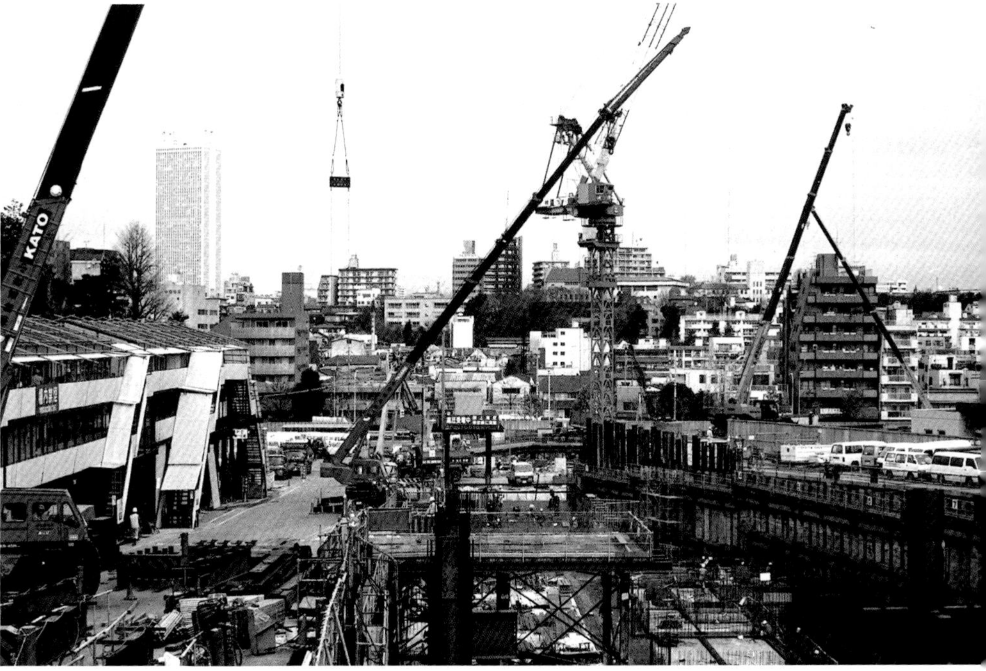

171「西早稲田3-2から北東方・再開発」平成3年12月12日
現在、早大学術情報センター（中央図書館、国際会議場など）になっている

172「馬場下町の小倉屋酒店」昭和46年3月18日　早稲田通りの早稲田駅前交差点。右は夏目坂

3

飯田橋、市谷、四谷、信濃町

173「抜弁天交差点」昭和59年7月21日　抜弁天通り。奥は余丁町通り

174「余丁町12」平成2年6月11日 Ⓚ Ⓘ　余丁町通り。余丁町市場には魚屋や乾物屋が入っていた

175「余丁町25から市谷方面」昭和43年3月28日　余丁町通り

176「新宿7-2先 抜弁天通りを南方・余丁町8厳島神社」平成3年5月15日 K

若松町電停、東京女子医大病院一号館

177「若松町電停角」昭和45年2月28日
右手に直進が大久保通り。都電に沿って左折は団子坂、新宿駅方向

178「河田町8（東京女子医大付属
至誠病院1号館）」　平成5年3月20日
昭和5年建造、現存

179「若松町28先から西方」
平成9年4月21日
団子坂

180「原町2-23から東方」昭和46年3月27日
現在の牛込柳町駅付近。大久保通りと並行に走る通り

181「原町1-9」昭和43年3月24日
「鈴木商店」は現在も燃料店として営業中

[182]「原町1-23」昭和43年3月24日

183「神楽河岸」昭和43年6月13日 K
飯田橋駅付近から市谷方面、開発前の外濠を見る。右端のビルは東京理科大

184「飯田橋再開発」
昭和56年8月30日 K
神楽河岸。現在は、セントラルプラザ（ラムラ）が建っている

185「飯田橋」
昭和51年5月
写真183の逆方向から開発前の神楽河岸をのぞむ。手前が市谷方面。右側は飯田橋駅ホームに続く長い通路

飯田橋交差点、揚場町、牛込見附電停

186「飯田橋」昭和41年7月　目白通り。外堀通りが左右に交差

187「飯田橋」昭和41年7月　写真186の左寄りアングル。飯田橋交差点

188「揚場町（砂利屋）」昭和44年2月2日　外堀通り。総武線の電車が見える

190「牛込見附」昭和42年12月5日　外堀通り

189「神楽河岸」昭和46年4月10日　中央は外堀通り

飯田橋駅遠景

191 「飯田橋」昭和42年8月19日 Ⓚ　中央の線路は中央線と総武線。右端に法政大学

中央は神楽坂通り

192「千代田区富士見2-9先から新宿区神楽坂1丁目」昭和42年7月27日　外堀通りの神楽坂下交差点。

194「新小川町6
(江戸川アパート)」
昭和60年5月11日 Ⓚ
昭和9年建築の同潤会江戸川アパートメント。平成15年に取り壊され、アトラス江戸川アパートメントとして建て替えられた

193「藁店」昭和45年6月7日
神楽坂通り。中央は地蔵坂。「藁店」は地蔵坂の別名。左手の店「鮒忠」は現在も営業中

195「箪笥町10先から大久保通りを東方」平成9年4月21日
都営大江戸線地下鉄工事。平成12年開通

196「神楽坂5丁目交叉点」昭和45年3月15日
大久保通りの神楽坂上交差点。神楽坂電停があった。中央は神楽坂通り

197「神楽坂6-24先から東方、5-13」
平成9年4月21日
大久保通りの神楽坂上交差点。右奥は神楽坂通り

198「新見附」昭和42年8月19日　外濠と外堀通り。左上に日本テレビの電波塔が見える

199「市ヶ谷の釣堀」昭和46年6月8日 Ⓚ

200「砂土原町102（浄瑠璃坂）」
昭和46年10月31日

201「市谷本村町5
(防衛庁陸上自衛隊
市ヶ谷駐屯地1号館)」
平成5年6月17日
平成12年、防衛庁移転により解体された。玄関・講堂のみ「市ヶ谷記念館」として保存されている

202「市谷本村町42
(陸上自衛隊市ヶ谷駐屯地)」
昭和62年6月2日
左は当時の通信鉄塔

203「市谷柳町8先 大久保通りを西方」昭和42年8月8日　市谷柳町交差点付近

204「山伏町1番地から西方」昭和44年2月8日　市谷山伏町1付近

205「薬王寺町63（外食券食堂）」
昭和44年2月8日
外食券食堂とは、戦中から戦後にかけて、
外食券持参者に食事を提供した食堂

206「市谷柳町2先から南方」
平成3年4月26日

波塔。左の建物は幼きイエス会修道院

207「四谷1丁目無番地四ツ谷駅」昭和42年6月19日 Ⓚ　四ツ谷駅四ツ谷口。中央の塔は日本テレビの電

208「四谷駅」昭和42年11月5日
四ツ谷駅麹町口付近。都電の線路は新宿通り。右上の建物は幼きイエス会修道院

209「四谷駅」昭和44年2月2日　陸橋上は新宿通り。市ヶ谷駅方面をのぞむ

210「四谷見附小売市場」昭和44年3月4日
外堀通り。中央は四谷見附小売市場（平成20年に廃止）と四谷見附新橋。左端は雙葉学園

211「若葉から四谷見附」昭和42年12月5日　外堀通りの四谷見附交差点付近

213「美津橋
(四谷4-27)
(大木戸三業)」
昭和60年2月23日
美津橋は待合だった

212「荒木町8から甲州街道方面」
昭和44年10月10日
杉大門通り

214「荒木町10（四谷三業）」昭和60年2月23日
三業とは、料亭・待合茶屋・芸者置屋の三業種。
三業地は花街のこと

215「荒木町13」昭和60年2月23日

216「四谷2-1から新宿方面」昭和44年5月24日　新宿通りの四谷1丁目交差点付近

217「四谷3-11から塩町交叉点方面」昭和44年5月24日　新宿通りを四ッ谷駅方面

218「左門町6先・外苑東通り・四谷3丁目交叉点から曙橋方向」昭和43年3月7日 ❶

219「慶応病院」昭和44年5月24日　外苑東通り

220「信濃町35先から北方・大京町30・慶応義塾大学病院別館」平成4年5月6日
旧医学部附属病院西病舎。昭和初期のモダニズム建築だった

221「信濃町21」昭和44年2月8日　外苑東通りの東側の路地

222「霞岳町（明治神宮水泳場）」平成4年8月16日
昭和5年の開設以来、多くの水泳競技会に使われた。平成14年に閉鎖

223「南元町4（三島邸隣）」昭和44年2月2日
現在はもとまち公園。左の洋館は養蜂の三島食品工業社主宅

224「南元町6（旧犬養毅邸）」平成7年5月13日 Ⓚ
昭和12年建築。当時は上智大学明泉寮。現在は女子学生会館が建つ

225「南元町7」
昭和61年9月7日

226「南元町9」
昭和61年9月7日

信濃町電停、信濃町駅

227「霞岳町5先から北東方」昭和42年12月20日
信濃町駅。陸橋を走るのは都電。下は中央線と総武線の線路

付録

町の移り変わりを丹念にとらえる散策者

川本三郎

□の数字は写真番号です。

まだ靖国通りや明治通りを都電が走っている。現在、丸井があるところには映画館、日活オスカー（戦前の帝都座）がある。さらに歌舞伎町にはコマ劇場が健在。西口では淀橋浄水場が東村山市に移転したあとの跡地に新宿最初の高層ビル、京王プラザホテルが建築中。

加藤嶺夫さんの写真には昭和四十年代の新宿区内の、いまはもう失われた懐しい風景がいくつも丹念にとらえられている。写真による過去旅行の感がある。

ついこのあいだの風景なのに、変化が激しい東京では、あっというまに過去の懐しい風景になってゆく。東京ほど、懐しさというノスタルジーの感情が強い都市はない。

新宿区が成立したのは戦後の昭和二十二年（一九四七）。戦前の牛込区（神楽坂、早稲田、市ヶ谷など）、淀橋区（新宿駅周辺）、四谷区（四谷駅周辺）の三つが合併して新宿区になった。

新宿駅周辺が盛り場として発展するのは大正十二年（一九二三）の関東大震災のあと。市中や下町に比べ西東京は地震の被害が少なかったので、その中心として活気づいた。デパート、映画館、飲食店が並び、新宿駅の乗降客は昭和に入ると東京駅を抜いて日本一になった。

昭和四年（一九二九）に大ヒットした歌謡曲「東京行進曲」（西條八十作詞、中山晋平作曲）では四番が「シネマ見ましょか　お茶のみましょか　いっそ小田急で　逃げましょか」と新宿を歌っている。新宿が歌謡曲に登場する。その発展ぶりがわかる。ちなみに現在、新宿駅前、東口広場の一画には「東京行進曲」の作詞者、西條八十の詩碑が建てられている。

永井荷風は旧世代の人で新興の新宿にはほとんど足を運ばなかった。それだけに震災後はじめて新宿に行った時には素直に驚いた。『断腸亭日乗』昭和六年一月十三日「新宿辺の繁華実に驚くべし」。

その新宿も戦時中、空襲の大きな被害を受けた。しかし、戦後の復興は早かった。とくに「光は新宿から」の惹句と共に闇市が生まれ、復興を支えた。現在の西口の「思い出横丁」は闇市の名残り。

歌舞伎町が映画館街として発展したのも戦後のこと。とくに昭和二十七年（一九五二）に西武新宿線が高田馬場から新宿まで延長したこともあって開発が進んだ。加藤嶺夫さんがとらえているコマ劇場（[26]）が開館したのは昭和三十一年。小学生の時、ここで柿落《こけら》としの、大型画面によるミュージカル「オクラホマ！」（55年、フレッド・ジンネマン監督）を見た時は晴れがましい思いがした。

さらに新宿が変わるのは昭和三十九年の東京オリンピックの前後。東京改造のなかで新宿も大きく変化した。

新宿駅が新しくなり駅ビルが出来る（当時の名称はステーション・ビル）。紀伊國屋書店が新しくなる。書店だけではなくホールも出来、文化発信の場になる。伊勢丹の前には現在でいうミニシアターのはしり、アートシアターが出来る。

新宿は若者の町になり、ベトナム戦争に対する反戦運動が高まった時には、デモが盛んに行なわれた。

それまで浄水場があるため町としての発展が阻まれていた西口は、浄水場の移転に伴って跡地に、前述の京王プラザホテルが建ってから（一九七一年）、次第に副都心として生まれ変わってゆく。

現在の新宿の原型は、大体、東京オリンピック以後に作られたといっていいだろう。加藤嶺夫さんはこの新しい新宿の町を実によく歩いている。

新しいとはいっても都電が当時まだ健在なのは懐しい。冒頭の新宿駅東口都電角筈終点（1）に写っている12番の都電は新宿駅前－両国駅前、13番は新宿駅前－水天宮前を走っていた。新宿三丁目の停留所の写真（18）にある11番の都電は新宿駅前－月島通間。いまからは考えにくいが、新宿は都電が走る町だった。

都電の写真のなかでもとくに目を惹くのは新田裏《しんでんうら》を走る13番（51）。現在の新宿文化センターのあたりで、ここは都電の専用軌道になっていた。車庫がこの近くにあった。寺山修司が監督した「書を捨てよ街へ出よう」（71年）にここが出てくる。

都電だけではない。写真108には明治通りを走るトロリーバスが見える。池袋－渋谷－品川を結んでいた。昭和四十年代のなかばにこれも都電と同じように消えていった。

写真56の、造成中の副都心に見える二つのガスタンクも懐しい。青梅街道沿いにあり、淀橋のガスタンクと呼ばれて西口のランドマークになっていた。現在、パークハイアット・ホテルになっている。西口に浄水場やガスタンクがあったということはそれだけ新宿が震災前までは市中から離れた郊外だったことを意味している。

その意味で貴重な写真は72の十二社弁天池。現在の副都心の一画、新宿中央公園のあたり。「十二社」と書いて「じゅうにそう」と読む。現在も公園のなかにある熊野神社が十二の神々を祀っているところからその名が付いたという。

江戸時代に西郊の行楽地としてにぎわい、大正期には花柳界として発展していった。その名残りが東京オリンピックの頃にもかろうじてあり、池のまわりには料亭が何軒か残っていた。池はとうになくなってしまったから、この写真は貴重なものになっている。最後の頃の池の写真ははじめて見た。加藤さん、よくぞここを撮ってくれたと頭が下がる。

撮影した昭和四十三年といえば、この近くに人気漫画家、赤塚不二夫、藤子不二雄、つのだじろうの仕事場のあるビルがあった頃。彼らも池畔の料亭に繰り出したのだろうか。

新宿駅界隈は震災後に発展したが、旧牛込区は早くから開けていた。神楽坂は戦前、すでに花柳界としてにぎわっていたし、市ヶ谷の高台にはお屋敷が多かった。写真174の余丁町は永井荷風が若い頃に住んだ町。明治時代にはお屋敷町だった。

文学者といえば、昭和の作家、林芙美子は妙正寺川が流れる落合の中井駅近くに住んだし（現在、自宅が記念館になっている）、昭和四十年代に活躍した詩人、高田敏子は高田馬場駅近くの諏訪町に、また、私の敬愛する作家、野口冨士男は早稲田に住んだ。

いまではラブホテルが並ぶ大久保駅界隈は戦前まではお屋敷町で、ここで生まれ育った江藤淳は町の戦後の変貌を嘆いたものだった。

新宿の町を住宅街にまで入りこんでくまなく歩いている加藤嶺夫さんの小さな町の写真を見ると、これら新宿区内に住んださまざまな文学者のことを思い出す。

また、記憶がよみがえったのは写真224の犬養毅邸。私は中学、高校と通学に信濃町駅を利用していたが、ホームから見上げたところにこの犬養邸があった。まさに山の手のお屋敷だった。平成の世にも健在だったか。

高度経済成長期の東京は川や掘割を次々に埋立てた。写真184の飯田橋再開発は、掘割を埋立てしまった工事をとらえている。島田荘司の傑作ミステリ『火刑都市』は飯田橋再開発が事件の要因だった。加藤嶺夫さんはどんな思いでこの写真を撮ったのだろう。

本当に貴重な写真がたくさんある。

写真12もうれしいではないか。御記憶の方も多いだろう。新宿駅の南口から甲州街道に出たところにあった石段。そして石段下にある公衆便所は、近年、評価の高い昭和の画家、松本竣介が昭和十六年（一九四一）に「新宿の公衆便所」と題して描いたことで知られる。南口が再開発されてゆく平成六年（一九九四）に消えた。

加藤さん、こんなところまで撮っていたか。写真家であると同時に最良の散策者だろう。

解説

文化村販売所、あったなぁ…

泉 麻人

加藤嶺夫さんの写真は何度眺めても愉しい。手元に既刊の写真集（『東京消えた街角』など）があるけれど、繰り返し眺めていると、いつも新たな〝発見〟がある。隅っこに映りこんだちょっとした看板、通行人の佇《たたず》まい、構図の妙…。何の変哲もない街頭風景のおいしいブロックが見事に切り取られている。

「ああ、こういう場所、将来なつかしくなるだろうな…」

僕も町を歩いていて、ふと思うことがあるけれど、そういうポイントが適確なショットで記録されている。古いものは昭和40年代初頭のようだが、「えっ！　こんな場所、平成まであったの？」と驚くような、コアな穴場がよくおさえられているのも、加藤写真の特徴といえる。

さて、シリーズ1巻目の「新宿区」、僕は区内の中落合出身でもあるのでとりわけ馴染み深い。まずは中心の新宿駅周辺から個人的な思い出を重ねながら解説していこう。

明治通りの南方から三光町方面を狙ったショット（11）に伊勢丹が写りこんでいる。伊勢丹の佇まいはいまも変わらないが、この写真が撮られた昭和43年2月の僕は小学5年生、屋上で催される怪獣やグループサウンズのイベントによく出かけていた頃である。紀伊國屋で本を物色したり、入り口のレコード店（URCやエレックのアングラ盤が目についた）を覗いたりするようになったのもこの時期だが、紀伊國屋前から撮った写真（9）に「早川亭」が映りこんでいる。ずっと「しゅうまい」の看板が気になっていたのだが、結局食べぬうちに消えてしまった。

靖国通りの都電終点（1）の風景は実になつかしい。昭和44年というと廃止（昭和45年3月）寸前の頃だが、僕も当時カメラを撮り始めた時期で、ほぼこれと同じような構図で〈リコーオートハーフ〉のシャッターを切った憶えがある。撮影地点は大ガード手前の横断歩道と思われる。

11、12、13の3系統が入っていた都電、とくに贔屓にしていたのは水天宮前へ行く13系統で、明治通りの新田裏《しんでんうら》からの専用軌道が魅力だった。また、当時は入出庫車両専用になっていたが、ゴールデン街裏の現在の遊歩道（四季の道）の所にも線路が敷かれていた。

新田裏から東大久保へ至る、専用軌道を走る都電6000型のスナップ（51）がある。写真の手前に明治通りや大久保車庫があり、徐々に上り勾配となって、この先の車道と合流した抜弁天《ぬけべんてん》の所に東大久保電停があった。東大久保から都電線路の方を見下ろした感じは、子供の目には登山電車やケーブルカーのような急坂に見えた。ちなみに、藤圭子のヒット曲「新宿の女」をもとにした映画（ダイニチ・70年）には、廃止直後のこの周辺の風景がふんだんに登場する。劇中まだ大久保車庫に都電が置きざりになっているから、本当に廃止まもない頃の撮影だったのだろう。

ところで、もう少し坂下で撮った写真（104）の線路端の電柱に「十全医院」の看板（確か、赤地に白ヌキ）が見える。性病科系の医者で、「五百木《いおぎ》医院」とともに新宿で目につく、その筋の病院広告であった（108ページの若松町電停の写真177に見られる）。

西口の方へ行ってみると、高層ビル群の傍らに残る西新宿5丁目の背の低い町並（58）、それから狭かった頃の職安通りの景色が郷愁を誘う、丸正食品が角に建つ北新宿1の1のショット（90）は、よく使った小滝橋通りを走る関東バスの窓越しにしばしば眺めた記憶がある。こちら側、西方の職安通りはしばらく狭いままで、通り奥に垣間見える「小島屋のアイスクリーム」の古めかしいネオン看板が印象的だった。小島屋は大衆食堂にアズキアイスなんかを卸していたメーカーで、このネオン看板を掲げた建物はごく最近まで存在していた。

池畔に天然温泉をウリにした三業地が広がっていた十二社（71）（72）は、子供の頃から〝謎めいた地名〟として記憶されていた。その名は近くの熊野神社に勧請された十二社権現に由来すると後に知ったが、以前は浄水場裏の場末であり、ジュウニソウという響きが不可思議なムードに拍車を駆けていた。南関東ガス田特有の焦茶色の温泉は、ほんのひと頃までビル内に開業していたが、いまはない。十二社の名は、埋め立てられた池とともに京王バスの停留所名（十二社池の上、池の下）に残されている。

新宿区育ちの少年にとって、戸山ハイツ内の箱根山は特別の存在だった。そもそもは江戸の昔、箱根に見立てたテーマパーク風庭園が築かれたのが発端と聞くが、ともかく当時、「標高・44・6m　23区内随一の標高地」と社会科の副読本（『わたしたちの新宿区』）で教えられた。戸山ハイツをとらえた一枚（148）（昭和43年）に、小高い箱根山と三角屋根の教会が映りこんでいる。現在、下の住宅が高層ビルになったため、こういう風景は望めないが、箱根山一帯は当時より樹木が繁り、三角屋根の戸山教会は存在している。

終戦直後に建ったというこの教会、数年前にDVD化された「君は恋人」という浜田光夫主演の日活映画（昭和42年）を何の気なしに観ていたら、吉永小百合がここでオルガンを弾いていた。練兵場跡（149）（150）の崖地が点在する草深い雰囲気…大日本印刷へ行く車のヌケ道でよく使っていた80年代初め頃はまだこんな感じだった。

高田馬場の駅前にも都電が入りこんでいる。背景の架橋に西武線、正面を走るスバル360はもうこの時期（昭和43年）珍しくなり始めた頃だから、これもわざわざ狙った構図[134]かもしれない。都電は数々の場所で撮影されているが、専用軌道好きとしてはやはり面影橋付近の写真[167]に魅かれる。15系統早稲田行の都電が往く線路端に見える物干し台は、おそらく染物工場のものだろう。工場内の職人をとらえた写真[168]も何点かある。いまも継承された都電荒川線が新目白通りと併行しているけれど、大通りのなかった時代は神田川際に町工場が並ぶ、裏ぶれた界隈だった。そんな環境にも魅かれたのか、寺山修司が監督した映画「書を捨てよ町へ出よう」（昭和46年）には、この写真の雰囲気に近い沿線風景が描かれている。主人公の青年が線路を突っ走る、アングラ風味の場面などが愉しめる。

生まれ育った落合地区の写真は、心当たりのあるものばかりで、しばし釘づけになってしまった。まず、クラシックな聖母病院[120]は僕がこの世に生まれた場所でもあり、十二指腸潰瘍を患って入院した経験もある。そして、環6交叉点と題された工事現場の写真[119]はなつかしい。これは新目白通りの建設工事のときのもので、小学校時代の後半は日々こういう光景を見ながら学校（落合第一小学校）に通っていた。このショットはおそらく、下落合寄りにいち早く出来た歩道橋上から練馬方向を狙ったものだろう。

西落合3丁目の畑[127]は、新青梅街道のバス停（西落合1丁目）脇に長らく残っていたもので、いつも気になっていた。「文化村販売所」とプラッシーの看板を出した古風な米屋[125]も、登下校時にぼんやり眺めていた思い出深い物件。文化村[121][122]は堤康次郎の箱根土地が大正末期に開発した高級住宅地（わが家はこの領域から微妙にハズレていた）だが、こんな看板の店が昭和40年代はまだのこっていたのだ。

中落合3－1から目白駅方向――とある目白通りの写真[124]は、左手にいまはなき神戸銀行の看板が目にとまるが、地元民にとってそれ以上に興味深いのは右側の「エデン」。建物本体は切れているが、黒塗りの独特の佇まいを見せた古い喫茶店だった。戦後ジャズ喫茶から始まった店、ここから近い椎名町「ときわ荘」にいた若き石森章太郎と赤塚不二夫がウェートレス目当てに足繁く通った旨が、赤塚氏の自伝（『笑わずに生きるなんて』）に記されている。

ところで、横の道を走る都バス、これは昭和40年代後半のアイボリー＋ブルーの塗装と思われるが、方向幕の行先が気になる。ルーペで覗き見ると、江古田二丁目と読み取れる。池袋駅東口からの路線だ。そう、ルーペを使って、こういう細部をチェックするのも加藤写真の愉しみの一つだ！

愛用カメラとネガケース

加藤嶺夫が晩年まで愛用していたカメラはニコンFM。２台のボディにそれぞれ50ミリと35ミリのレンズを取り付けていた。加藤はどのようにこれを使い、街角の風景を収めていたのか、加藤の友人で写真家の原義郎氏はこう語る。

「加藤さんは、人の眼に近い遠近感を重視するオーソドックスな写真表現にこだわっていました。ですから、ほとんどの街角風景は50ミリ標準レンズとそれに近いやや広角の35ミリレンズで撮影していたようです。また、街を歩く人間の水平目線にこだわり、目の高さでカメラを構えて、建物の歪みや曲がりが出ないように、細心の注意を払っていました」

　加藤の風景写真が何度見ても飽きないのは、消え行くものをありのままに、歪みのない穏やかな画角で記録したいという情熱によっ

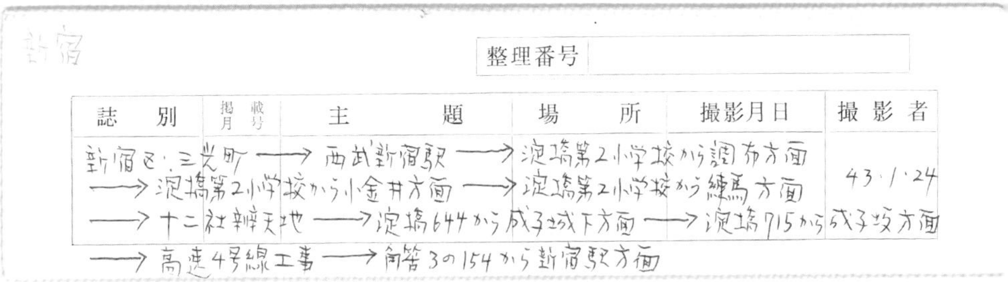
新宿

整理番号

誌別	掲載月号	主題	場所	撮影月日	撮影者
新宿区・三光町 → 西武新宿駅 → 淀橋第2小学校から調布方面 → 淀橋第2小学校から小金井方面 → 淀橋第2小学校から練馬方面 → 十二社辨天地 → 淀橋644から成子坂下方面 → 淀橋715から成子坂方面 → 高速4号線工事 → 角筈3の154から新宿駅方面				43・1・24	

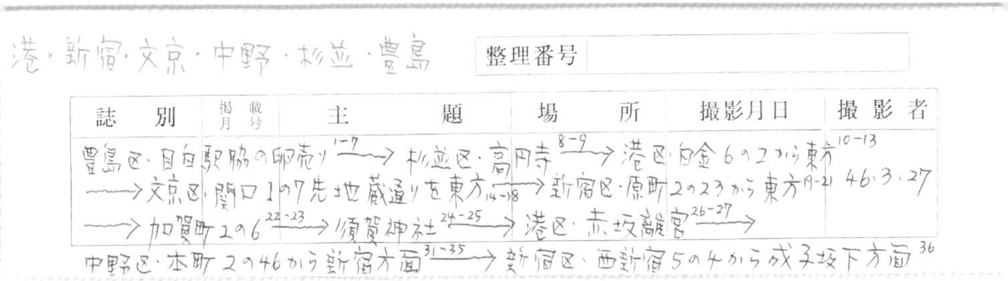
港・新宿・文京・中野・杉並・豊島

整理番号

誌別	掲載月号	主題	場所	撮影月日	撮影者
豊島区・目白駅脇の卵売り 1-7 → 杉並区・高円寺 8-9 → 港区・白金6の2から東方 10-13 → 文京区・関口1の7先地蔵通りを東方 14-18 → 新宿区・原町2の23から東方 19-21 → 加賀町2の6 22-23 → 須賀神社 24-25 → 港区・赤坂離宮 26-27 → 中野区・本町2の46から新宿方面 31-35 → 新宿区・西新宿5の4から成子坂下方面 36				46・3・27	

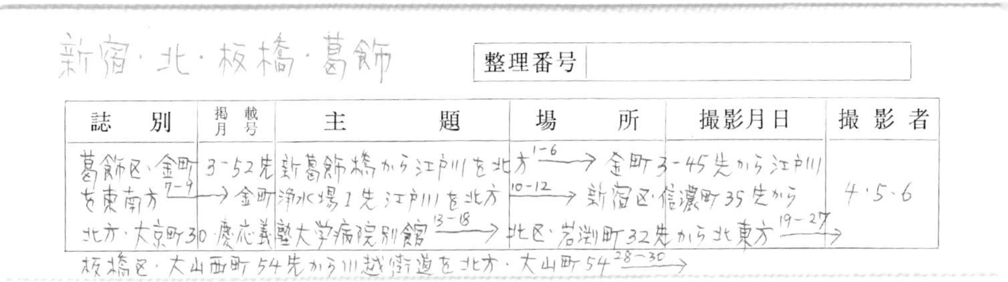
新宿・北・板橋・葛飾

整理番号

誌別	掲載月号	主題	場所	撮影月日	撮影者
葛飾区・金町3-52先 新葛飾橋から江戸川を北方 1-6 → 金町3-45先から江戸川を東南方 7-9 → 金町浄水場1先 江戸川を北方 10-12 → 新宿区・信濃町35先から北方・大京町30・慶応義塾大学病院別館 13-18 → 北区・岩淵町32先から北東方 19-27 → 板橋区・大山西町54先から川越街道を北方・大山町54 28-30 →				4・5・6	

て貫かれているからだと思われる。

ネガケースには、撮影地点と撮影した年月日が克明に記録されている。それを読むと、一日に何区も渡り歩いて撮影していることがわかる。原氏によると、加藤は撮影時間にもこだわった。入念にロケハンをして、光線の具合はもとより、被写体の前に邪魔な車が停まっていない時間帯まで詳しく調べて、一日の撮影コースを決めた。その妥協しない姿勢には、原氏も脱帽せざるをえなかったという。

（編集部）

右頁：2台ともにニコンFM。右側のレンズが50ミリ、左側が35ミリ（どちらもニッコールレンズ）。右側のカメラの下部に付いているのはモータードライブ。上：ネガケース。表書きの数字（「1-7」「8-9」……）は、ネガフィルムのコマ番号。1日にフィルム1本分を撮影するのが基本だった。

対談　昔ながらの風景を探して

加藤嶺夫×泉 麻人

危なっかしくても古い街道がいい

編集部　加藤さんの写真を拝見すると、東京オリンピックの後でも昔ながらの東京の風景がけっこう残っていたのがわかりますね。

泉　古い東京の風景はオリンピックの頃になくなったとよくいわれますが、四十年代にも多少残ってた。そういう場所をわざわざ選んで撮られていたわけですね。

加藤　そうなんでしょうね、たぶん。最初はそうでもなかったんですが、途中からはっきり意識して撮るようになりました。都電もそうだけど、なくなってしまうものは撮っておかなきゃと思ったんですよね。

泉　僕も古いヘンなものが好きでね。小学校の五、六年生の頃、リコーのオートハーフというカメラを買ってもらったんですよ。簡単なやつです。それで遠足に行ったときに、昔の形の赤いポストを見つけると必ず撮ってました。それから、ボンネットバスがまだ走っていたから、それを見つけると必ず撮っていましたね。

　四十年代に撮った場所の写真は、すべてもう一度訪ねて撮ろうと思っているんですか。理想としては。

加藤　それはありますね。でも、新しく撮りたい場所もたくさんあるから難しいんですよ。

泉　比較的変わっていない場所というと……。

加藤　たとえば月島や佃の一部、根津とか谷中といった古き東京といわれている場所は、比較的変わっていないところが多いですね。

　変わっていない風景に出会うと、とたんにうれしくなって、感動のあまりオシッコをもらしそうになっちゃうんです（笑）。ピントも露出も合わせるのを全部忘れてシャッターを切ってしまって、「いけねえ、俺はいま何にもやっていなかった」って、ハッと我に返ることがときどきあります。

泉　定点で比較写真を撮るときに、道が広がった場合は車道のど真ん中に立って撮ったりもするんでしょうね。

加藤　そういうときもあります。怖いですね、あれ。だから、ほんとうは写真を見る人にその部分をわかってもらいたいわけです。昔の写真で道の端っこだった場所が、いまでは車道の真ん中になっているんですよ、ということをね。

　たとえば環状八号線が青梅街道と立体交差しているところなんて、対面がやっとぐらいの幅だったんですよ。いまは当時の三倍くらいには広がっているんじゃないでしょうか。

泉　目黒区の淡島通り、あれもずいぶん狭かったですね。それから、東北沢駅前の東大《とうだい》裏に抜ける狭い道。僕、あの道けっこう好きなんですよ。いまでも東急の古い小さい形のバスが走っていて。渋谷駅から大山町を抜けて、幡ヶ谷の裏まで行くバスなんです。折り返してもどってくる。

　僕は、歩道の段差がない道が好きなんです。古い街道ですね。危なっかしくてもそういうところに来ると、なんかホッとします。

　ところで、五日市街道の入口もいよいよ広くなりそうですね。

加藤　いまは新高円寺駅近くの大法寺の狭いところから、ニュッと出る感じですからね。

泉　二十年前、車の免許を取り立ての頃、五日市街道の入口をよく見落としまして。どこから入るのかわからなかった。あれが魅力なんですよね（笑）。要するに、知る人ぞ知るみたいな、抜け道のような入口だったんです。いまは角のところにギラギラのネオンがついているけれども、あそこはもっと目立たない家で、材木屋だったのかな。新高円寺の入口からしばらくは、狭くて普通の路地みたいだったんですよね。

道を歩きながら昔を想像する喜び

泉　金鳥のアースのホウロウびきの看板が昔よくあったでしょう。水原弘と由美かおるのやつ。僕は十年ぐらい前、雑誌の仕事で五日市街道の終点の方まで探しに行ったんですよ。

　杉並区を出て武蔵野市の関前あたりから小金井市に入るとボチボチと出てきて、秋川を越えて日の出町あたりからザックザック出てくる。納屋に打ち付けてあったりしてね。あれは位置が決まっていて、必ず水原が右で由美は左。上下の場合は上が水原で下が由美。法則があるんです。いまはだいぶなくなっているでしょうね。

加藤　あれを見ると、感動しちゃいますね。

編集部　あの看板は人気があって、はがして持って行ってしまう人がいるそうですよ。

泉　僕は持って来たいとは思わないなあ。いなかの納屋に貼ってあるままの状態がいいんです。家に持ってきて置いといてもよくないですよ。

　これから郷土資料館のようなところにああいうものが入ると思いませんか。アース看板が貼ってある納屋とか。そういう歴史館がどんどん増えてくると思うな、僕は。

加藤　それが作られた時代においては何の価値もなかったんでしょうけどね。だからこそ、なくなってしまうわけで。でも僕は、そういうものは資料館に入ってしまうのではなくて、ずっと街角にあってほしいですね。

泉　自然な状態がいいですね。南長崎や椎名町あたりの古い通りを歩いていると、ビルと家の隙間に貼ってあったりするんです。おそらくビルが建ってなかったときは平地で、よく目立った場所だったんでしょうね。

加藤　そういうのを見て、昔を想像するだけでも楽しいですね。僕、切り通しの道が好きなんですよ。そこを通るときに、この切り通しがなかった頃はここはどうなっていたんだろうな、なんてことを想像していくと無限にそれが広がっていくわけ。たまんなくうれしいですね。

泉　善福寺川の周辺はけっこう支流が多かったんですよ。それに蓋をした元用水の道があって、自転車でそれをずっと辿っていくんです。ああ、このあたりが水田だったか、みたいな想像をしながら。

加藤　いまでこそドブ川の蓋みたいにみんな思っているけれども、かつてそれは灌漑用水だったわけですからね。

泉　昭和三十八年の住宅地図を見ていたら、善福寺川沿いの杉並の堀之内あたりに「ゲルンジー牧場」というのが出てくるんです。この間見に行ったら「ゲルンジー駐車場」になってた。でもゲルンジーさんという家はないんですよ。ゲルンジーとはどういう意味かと思って謎だったんです。

　先日、杉並区の講演会でそのことを話したら六十歳ぐらいの男の人が、その人は獣医さんで牛や馬にとても詳しい人なんですが、牛の品種でガンジーというのがあるから、それから来ているのではないかと教えてくれたんです。その説はかなり有力ではないかと思っているんですけどね。

加藤　ガンジーというのは乳牛の一種で、昭和初年に日本に入ってきたんですよ。

泉　ガンジー牛乳ってありますよね。それにしても牧場が駐車場に変わっても、やっぱりゲルンジーというのがおかしい（笑）。

加藤　駐車場がいつかビルになっても、ゲルンジーという名前が付いていてほしいですね。そこまでいったんならね。

　やっぱりこだわる精神がいいよね。とにかくいまの世の中、何でもお金に換算した生き方をついわれわれはしちゃうんだけど、やっぱりお金を離れた生き方をする必要があるから。

（１９９３年10月５日　杉並区の加藤氏宅にて）

［初出］雑誌『東京人』（都市出版）１９９３年12月号。同誌の２００５年８月号にも再録されています。

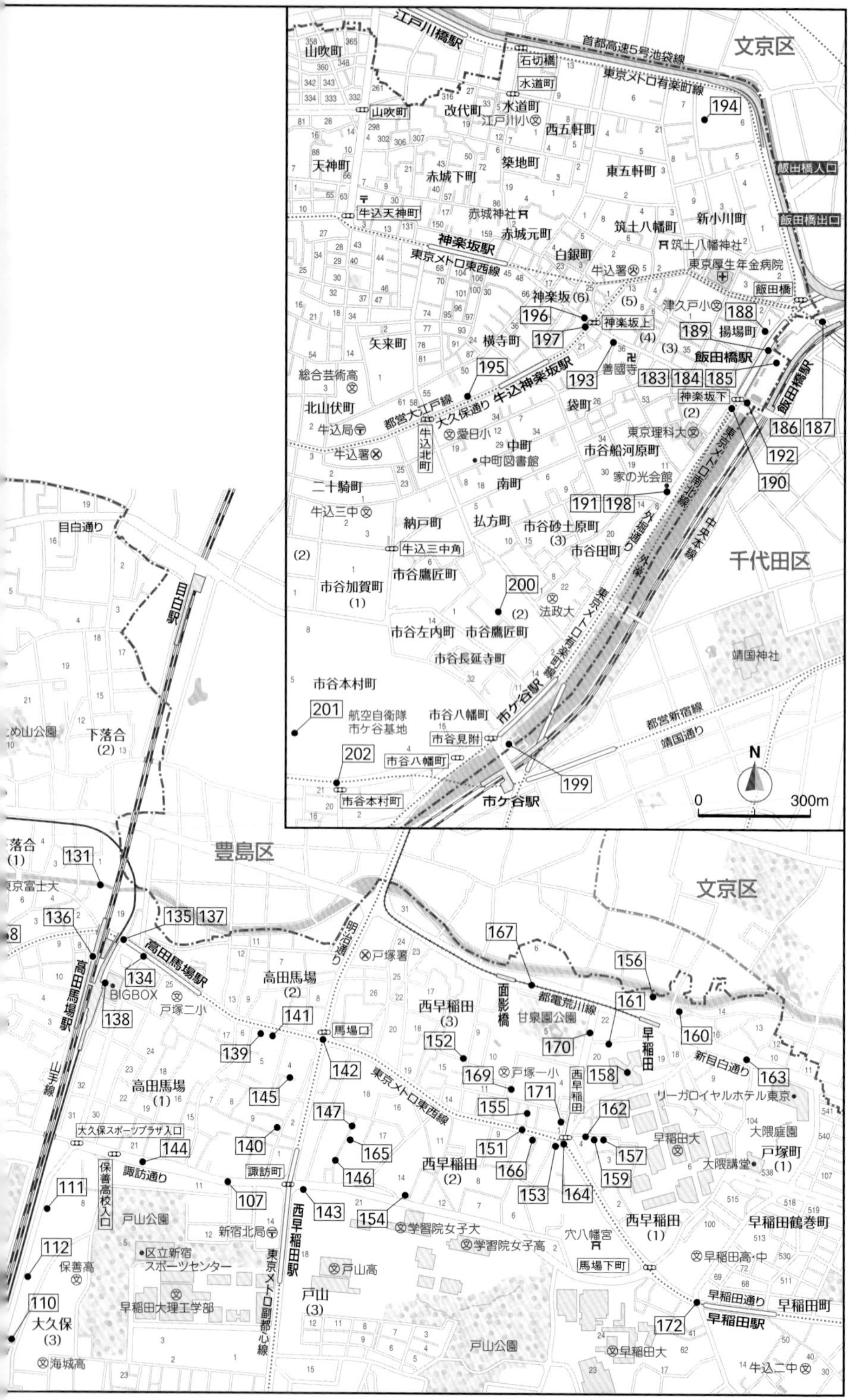

撮影地点地図

区画や街路の変更等によって、正確な撮影地点が特定できない場合は、おおよその地点をプロットしました。[50][87][150]の写真は、場所不明のため不掲載。

P152-P153
P154-P155
P15
高田馬場駅
飯田橋駅
新宿区
新宿駅
四ツ谷駅
練馬区
中野区
豊島区
西武池袋線
東長崎駅
中野通り
目白通り
落合六小
西落合
(4)
西落合図書館
西落合
(3)
127
西落合3
落合南長崎駅
新青梅街道
西落合1
都営大江戸線
126
落合二中
中落合4
落合三小
西落合
(2)
西落合
(1)
125
121
124
南長崎1
123
首都高速中央環状線
120
聖母大
中落合
(3)
122
聖母病院
落合一小
中落合2
新目白通り
中落合
(2)
下落合
(4)
下落合駅前
薬王院
中落合
(4)
目白大
中井
(2)
119
中落合
(1)
山手通り
妙正寺川
133
氷川神社
129
130
(1)
中井駅
西武新宿線
下落合駅
区立中央図書館
132
上落合
(1)
戸塚三中
落合五小
128
上落合
(2)
115
落合水再生センター
116
神田川
落合中央公園
中井駅
上落合
(3)
落合二小
早稲田通り
東京メトロ東西線
118
落合斎場
上落合1
シチズン
戸塚公園入口
117
落合駅
上落合2
94
小滝橋
西戸山小公園入口
中野区
北新宿
(4)
新宿署
東中野駅
東中野駅
中央本線
中央卸売市場
淀橋市場
百人町
(3)
北新宿
(3)
中央総合病院
N
0
500m

早稲田駅
早稲田通り
早稲田大
牛込二中
早稲田小
喜久井町
榎町
東榎町
天神町
赤城下町
弁天町
牛込保健センター
牛込天神町
東京メトロ東西線
神楽坂駅
外苑東通り
晴和病院
弁天町
矢来町
戸山公園
戸山 (2)
戸山 (1)
東戸山小
戸山図書館
国立国際医療研究センター病院
148
114
若松町
177
原町 (3)
原町 (2)
181
原町 (1)
182
横寺町
筆笥町
総合芸術高
市谷小
愛日小
179
若松町
180
203
牛込局
若松河田駅
大久保通り
牛込柳町駅
市谷柳町
204
牛込署
細工町
新宿 (7)
余丁町小
川田町・東京女子医大北
成城高・中
市谷柳町
市谷小前
二十騎町
都営大江戸線
東京女子医大
178
206
納戸町
173
176
牛込三中
弁天通り
抜弁天
175
余丁町
東京女子医大病院
市谷薬王寺町
205
市谷加賀町 (2)
牛込三中角
52
174
余丁町通り
市谷薬王寺町
113
河田町
牛込仲之小
市谷加賀町 (1)
市谷鷹匠町
市谷仲之町
富久町
住吉町
市谷仲之町
市谷左内町
東京医大
警視庁第四方面本部
陸上自衛隊市ヶ谷駐屯地
市谷台町
富久さくら公園
防衛省
航空自衛隊市ケ谷基地
市谷八幡町
四谷電話局前
富久小
曙橋駅
合羽坂下
成女高
市谷本村町
市谷八幡町
靖国通り
都営新宿線
40
富久町西
舟町
215
都営新宿線
市谷本村町
愛住町
荒木町
坂町
214
新宿歴史博物館
213
東京おもちゃ美術館
39
三栄町
212
御苑前駅
四谷 (4)
新宿1
217
四谷署
外堀通り
三栄町
53
四谷4
四谷三丁目駅
津之守坂入口
新宿通り
東京メトロ丸ノ内線
210
207
218
左門町
四谷署
四谷小
(2)
四谷1
209
内藤町
大京町
216
四ツ谷駅
内藤町
外苑東通り
四谷 (1)
千代田区
208
新宿御苑
須賀町
蓮乗寺
若葉 (2)
四ツ谷駅
西念寺
四谷中
211
大京町交番前
東京電力病院
慶應義塾大医学部
学習院初等科
221
もとまち公園
若葉 (3)
大京町
慶應義塾大病院
220
四谷局
219
224
223
港区
千駄ヶ谷駅
四谷六小
南元町
信濃町駅
226
国立競技場駅
外苑入口
225
迎賓館
222
外苑出口
聖徳記念絵画館
227
赤坂御用地
国立競技場
明治神宮外苑
東宮御所
霞ヶ丘町
日本青年館前
日本青年館
青山通り
神宮球場

撮影地点地図

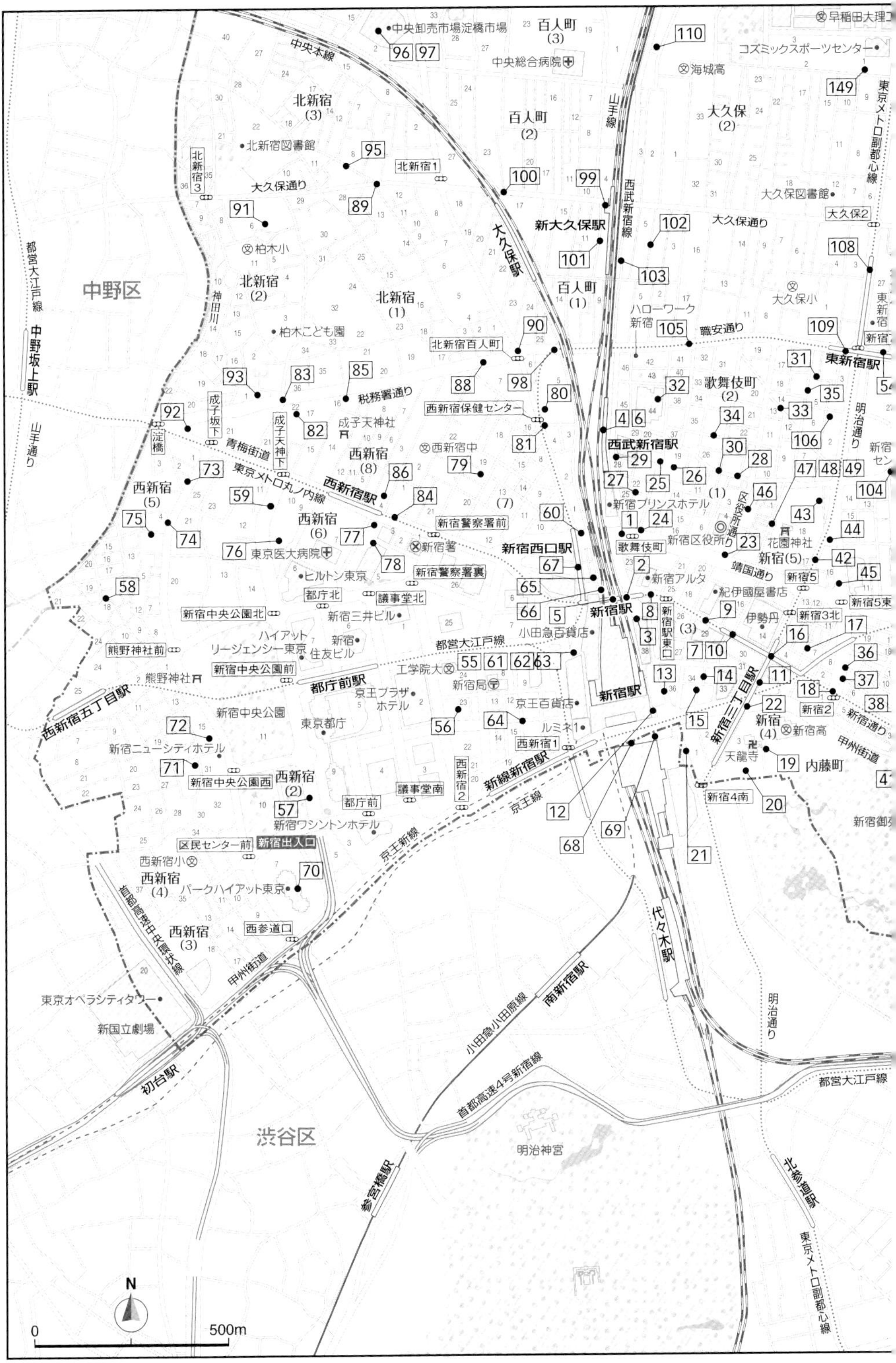

中央卸売市場淀橋市場
96 97
百人町 (3)
110
早稲田大理工
コズミックスポーツセンター
海城高
中央総合病院
中央本線
149
北新宿 (3)
百人町 (2)
大久保 (2)
山手線
北新宿図書館
95
北新宿1
100
99
大久保通り
89
西武新宿線
91
新大久保駅
102
大久保図書館
大久保2
大久保通り
柏木小
大久保駅
101
108
103
北新宿 (2)
中野区
北新宿 (1)
百人町 (1)
大久保小
都営大江戸線
神田川
ハローワーク新宿
105
職安通り
109
中野坂上駅
柏木こども園
90
北新宿百人町
東新宿駅
98
31
93
83
85
88
32
歌舞伎町 (2)
35
税務署通り
80
33
明治通り
山手通り
92
成子坂下
成子天神下
82
成子天神社
西新宿保健センター
4 6
34
106
淀橋
青梅街道
西新宿 (8)
西新宿中
81
西武新宿駅
30
28
73
86
79
29
26
47 48 49
東京メトロ丸ノ内線
西新宿駅
25
西新宿 (5)
27
46
104
59
84
(7)
新宿プリンスホテル
(1)
区役所通り
43
75
74
西新宿 (6)
60
1 24
新宿警察署前
新宿区役所
77
新宿署
新宿西口駅
歌舞伎町
花園神社
44
76
東京医大病院
23
新宿(5)
42
78
2
靖国通り
45
67
新宿警察署裏
新宿アルタ
新宿5
58
ヒルトン東京
65
紀伊國屋書店
都庁北
議事堂北
新宿5東
新宿中央公園北
新宿三井ビル
66
5
新宿駅
8
新宿駅東口
9
伊勢丹
新宿3北
17
(3)
ハイアット リージェンシー東京
小田急百貨店
3
16
新宿住友ビル
都営大江戸線
熊野神社前
7 10
36
55 61 62 63
新宿中央公園前
工学院大
11
37
熊野神社
都庁前駅
新宿局
13
14
18
京王プラザホテル
新宿駅
新宿2
38
西新宿五丁目駅
新宿三丁目駅
新宿中央公園
京王百貨店
東京都庁
56
64
22
新宿 (4)
新宿高
新宿通り
72
ルミネ1
15
新宿ニューシティホテル
西新宿1
天龍寺
甲州街道
新線新宿駅
19
内藤町
71
西新宿 (2)
新宿中央公園西
西新宿2
議事堂南
京王線
新宿4南
20
都庁前
57
12
新宿御苑
新宿ワシントンホテル
京王新線
68
69
区民センター前
新宿出入口
21
西新宿小
70
西新宿 (4)
パークハイアット東京
首都高速中央環状線
西新宿 (3)
代々木駅
西参道口
甲州街道
東京オペラシティタワー
南新宿駅
明治通り
新国立劇場
小田急小田原線
首都高速4号新宿線
都営大江戸線
初台駅
渋谷区
明治神宮
参宮橋駅
北参道駅
東京メトロ副都心線
N
0
500m

撮影年譜

昭和41年〜52年

「加藤嶺夫の撮影の足どり」は、フィルムケースの記録から、本巻に収録した写真に該当する撮影日と撮影地点を抜粋。⇓は移動を示します。／は移動の順番が不明。□の数字は写真番号です。

年	月日	加藤嶺夫の撮影の足どり
昭和41年	7月	飯田橋 186 187
昭和42年	3月	内藤町1先新宿通り 53
	3月10日	新宿7-27先 54
	6月19日	四谷1丁目無番地四ツ谷駅 207
	5月27日	西新宿1-1新宿駅 69
	7月27日	千代田区富士見2-9先 192
	8月8日	市谷柳町8先 大久保通り 203
	8月19日	飯田橋 191⇓新見附 198
	10月8日	新宿6-25先 文化センター通り 51
	11月5日	四谷駅 208
	11月15日	御苑街夜景 50
	12月5日	若葉 211⇓牛込見附 190
	12月20日	霞岳町5先 227
昭和43年	1月15日	新宿3丁目（都電） 18
	1月24日	三光町 45⇓西武新宿駅 6⇓淀橋第2小学校 56⇓十二社辨天池 72⇓淀橋644 73⇓高速4号線工事 87
	1月29日	大久保駅 100
	2月4日	角筈2丁目（マーケット） 64⇓西大久保1-392（旅館街） 106⇓新宿2-59 38
	2月5日	東大久保1丁目（歌舞伎町側） 104⇓中落合1-5 119⇓上落合1丁目（下水処理場） 115⇓西大久保2-306 108⇓新宿3-107 11
	2月10日	新大久保駅 99
	3月3日	高田馬場駅 134⇓面影橋電停 167⇓早稲田車庫前電停 163
	3月7日	左門町6先・外苑東通り・四谷3丁目交叉点 218
	3月10日	淀橋青果市場 96 97⇓戸山ハイツ 148
	3月24日	原町1-23 182⇓原町1-9 181⇓戸塚町1-450 151 155⇓戸塚町2-1045 152
	3月28日	余丁町25 175
	5月11日	三光町ゴールデン街 49
	6月13日	神楽河岸 183
	6月16日	戸塚町1丁目のパン屋 153⇓諏訪町54 143⇓諏訪町186 144
	6月30日	戸塚町3-281（東京染） 168⇓中落合3-23（米屋） 125⇓中落合3-18（目白文化村） 121／高田馬場ののみ屋街 135 138／落合橋 132
	8月17日	柏木3-338 88⇓百人町・中央線ガード 98⇓西大久保1丁目 105
	8月18日	大久保3-8 111
	10月10日	戸塚球場 158
	10月12日	高田馬場駅東口前 137
昭和44年	1月15日	戸塚町2-76 154
	1月9日	西大久保[illegible]丁目・国鉄官舎 [illegible]

年	月日	新宿区の動き
昭和41年	10月31日	新宿区役所（鉄筋8階）の新庁舎が竣工
昭和42年	5月30日	新宿駅西口の青梅街道上にマンモス歩道橋が完成
	11月21日	小田急新宿駅ビルが完成
	11月23日	小田急百貨店新宿館が開店
	この年	新宿駅西口駅舎が竣工
昭和43年	2月	十二社池が埋め立てられる
	3月31日	区内を通過するトロリーバス（102系統＝池袋駅前〜渋谷駅前〜品川駅前）が廃止される
	4月1日	淀橋浄水場（昭和40年に閉鎖）の跡地に都立新宿中央公園が開園
	10月8日	学生デモ隊3500人が新宿駅構内に乱入
	10月21日	学生デモ隊4600人と群集2万人が新宿駅を占拠（新宿騒乱事件）
昭和44年	3月4日	東京に積雪30㎝を記録する大雪が降る。夕方から交通全面マヒ
	[illegible]月9日	新宿駅西口地下広場[illegible]

年	月日	場所
	2月2[illegible]日	西大久保4丁目 [illegible]⇒抜[illegible]（[illegible]）[188]⇒四谷駅[illegible]⇒[illegible]（三島邸隣）[223]
	2月8日	信濃町21 [221]⇒薬王寺町63（外食券食堂）[205]⇒山伏町1 [204]
	3月4日	四谷見附小売市場 [210]
	5月24日	四谷2－1 [216]⇒四谷3－11 [217]⇒慶応病院 [219]⇒新宿1－83 [41]⇒三光町46 [42]
	6月15日	新宿地下道西口 [5]⇒都電角筈終点 [1]⇒新宿4－63 [20]
	10月10日	諏訪町25 [147]⇒諏訪町20 [146]⇒旧戸山原練兵場跡 [150]⇒荒木町8 [212]
	12月28日	下落合駅 [133]⇒中落合3－2 [123]
昭和45年	2月28日	若松町電停角 [177]
	3月15日	神楽坂5丁目交叉点 [196]
	3月29日	副都心 [57]
	4月27日	戸塚町1－410 [156]
	6月7日	薬店 [193]
昭和46年	3月18日	馬場下町の小倉屋酒店 [172]
	3月27日	原町2－23 [180]
	3月28日	西新宿5－4 [74]⇒副都心 [59]⇒大久保2－234 [113]
	4月1日	新宿駅西口 [61] [63]
	4月10日	神楽河岸 [189]
	5月9日	下落合1丁目 [131]⇒高田馬場駅 [136]
	6月8日	市ヶ谷の釣堀 [199]
	6月26日	中井1－3 [128]
	6月27日	落合火葬場 [118]
	7月24日	新宿西口商店街 [60]
	10月6日	西落合3－22（畑）[127]
	10月31日	砂土原町102（浄瑠璃坂）[200]
昭和47年	1月13日	西落合1－3 [126]⇒中井駅 [130]⇒中落合3－1 [124]
	4月22日	末広亭 [17]
	4月29日	西大久保1丁目角 [109]⇒日活オスカー [7]
	6月2日	新宿2－68（旧赤線）[36]⇒新宿赤線跡 [37]⇒新田裏 [44]
	6月18日	上落合2－29 [117]⇒小滝橋 [94]⇒諏訪町139 [145]⇒西大久保3－43（練兵場跡）[149]⇒東大久保2丁目 [114]
	8月5日	新宿駅東口 [3]
	12月22日	新宿駅前 [2]
昭和48年	2月25日	西武新宿駅 [4]
昭和49年	5月1日	新宿駅西口広場 [55]
昭和51年	3月23日	紀伊国屋ビル前 [9]
	5月	飯田橋 [185]
	9月	西早稲田（安兵衛湯）[169]
昭和52年	8月20日	新宿通り [10]

年	月日	出来事
		[illegible]
	7月1日	おとめ山公園と甘泉園公園が区立公園になる
昭和45年	1月27日	早稲田～荒川車庫前間以外の都電が廃止される（11・12・13系統は昭和43年2月25日に廃止）
	8月2日	新宿、銀座、池袋、浅草で歩行者天国が始まる
	10月31日	新宿総合文化祭が初開催される
	11月25日	三島由紀夫が自衛隊市ヶ谷駐屯地で割腹自殺する
昭和46年	4月	新宿区内にはじめてスクランブル交差点ができる
	6月5日	京王プラザホテル（地上47階、地下3階）がオープン。超高層ビル建設は区内初
昭和47年	1月	新宿高野前が地価日本一になる（国税庁発表）
	4月18日	区立中央図書館が開館
	5月	「帝都座（新宿日活オスカー）」が閉鎖される。跡地に丸井ができる
昭和48年	3月31日	飯田濠の埋め立てが完了
	8月6日	四谷見附小売市場が改築される。この月、新宿風月堂が閉店
昭和49年	6月24日	都電大久保車庫引込線の跡地に新宿遊歩道公園「四季の路」が完成
昭和51年	3月10日	新宿駅南口に「新宿ルミネ」（地上8階、地下4階）がオープン
	4月1日	北新宿の東京薬科大学が八王子市に移転
	10月1日	「新宿ロフト」オープン
昭和52年	3月3日	新宿プリンスホテルと西武新宿駅ビル「ペペ」がオープン
	10月10日	歌声喫茶「灯」が閉店、新宿から歌声喫茶がほとんど姿を消す

年	撮影日	撮影地	日付	出来事
昭和53年			6月	野村ビル（地上50階、地下5階）が竣工
			7月	新宿駅東口広場に「新宿ステーションスクエア」がオープン、新宿ステーションビルが全面改装され「マイシティ」となる
			10月31日	京王新線が開通
			この年	二幸が閉店
昭和54年			11月	新宿センタービル（地上54階、地下4階）が竣工
昭和55年			3月16日	都営地下鉄新宿線の新宿－岩本町間が開通。京王線との相互乗り入れ開始
			4月	二幸跡地にスタジオアルタ館がオープン
昭和56年	8月30日	飯田橋再開発 [184]		
昭和59年	6月21日	アルタ前 [8] ⇒新宿3－37 [13]	2月1日	新宿貨物駅が廃止。平成8年、跡地に高島屋が建設される
	7月21日	抜弁天交差点 [173] ⇒新宿6－19（まねき通り商店会） [52]	7月12日	国鉄の通勤新線（現埼京線）の新宿駅までの延長が決定
	10月17日	歌舞伎町1－23 [24]	10月10日	新宿スポーツセンターが完成
	11月17日	百人町1－4 [102]		
	11月18日	新宿4－4 [19]		
	11月24日	歌舞伎町1－3（トルコ風呂看板） [28] ⇒西新宿1－2（ションベン横丁） [65] ⇒歌舞伎町2－5（ラブホテル） [35] ⇒西新宿6－3 [78] ⇒北新宿1－12 [89] ⇒北新宿3－9 [95] ⇒中井駅 [129]		
	12月21日	歌舞伎町1－10 [30]		
昭和60年	1月2日	大久保3－7（仕切場） [112]	2月13日	「風俗営業等の規制及び業務の適正化に関する法律」（新風営法）が施行され、歌舞伎町の風俗産業が規制を受ける
	2月23日	荒木町13 [215] ⇒荒木町10（四谷三業） [214] ⇒美津橋（四谷4－27）（大木戸三業） [213]	3月31日	新宿商工学校が廃校になる
	5月11日	新小川町6（江戸川アパート） [194] ⇒歌舞伎町2－14 [33] ⇒コマ劇場 [25]		
	5月26日	新宿駅南口 [68]		
	11月16日	西新宿5－5（けやき通り） [75]		
昭和61年	5月24日	新宿3－37 [12]	3月3日	国鉄の通勤新線（現埼京線）の池袋－新宿間が開通
	6月28日	百人町1－7 [103]	3月31日	淀橋第二小学校が廃校、淀橋幼稚園が廃園となる
	7月12日	西新宿4－29（十二社三業地） [71]	7月	妙正寺川第一調節池が完成
	7月15日	ゴールデン街 [47] [48]	10月31日	淀橋第二中学校が新築移転
	7月27日	新宿3－15 [23]		
	9月7日	南元町9 [226] ⇒南元町7 [225]		
	9月20日	西早稲田1－4（横丁） [159] ⇒西早稲田1－4（帽子屋） [157] ⇒西早稲田1－5 [162]		
	9月21日	高田馬場1－9（日本館） [140] ⇒西早稲田3－5（露地） [170] ⇒西早稲田1－22 [161]		
	11月9日	歌舞伎町1－22 [27]		
昭和62年	3月9日	新宿1－27 [40]	4月3日	洪水調節池を兼ねた妙正寺川公園が完成
	4月30日	西新宿8－22 [82] [83]	4月9日	「歌舞伎町ヤングスポット」が完成
	5月26日	高田馬場1－4 [142] ⇒西早稲田1－15 [160]	11月	早大の安部球場が閉鎖される
	6月2日	市谷本村町42（陸上自衛隊市ヶ谷駐屯地） [202]	12月28日	四谷第六小学校の新校舎が完成
	6月19日	都立大久保病院 [32]		
	6月25日	西新宿3－7（東京ガス淀橋整圧所） [70]		
	7月2日	北新宿1－1 [90]		

			4月8日	百人町に「新宿グローブ座」が開館
			4月21日	名画座「佳作座」（飯田橋）が閉館
平成元年			7月28日	「新宿モア街」が完成
平成2年	5月13日	北新宿2－27 [92]⇒西新宿8－4（アパート）[86]⇒北新宿2－1（アパート）[93]⇒歌舞伎町2－4 [31]	この年	西早稲田の「安兵衛湯」が廃業
	6月11日	余丁町12 [174]⇒新宿場外馬券売場 [22]		
	7月5日	西新宿6－4 [77]		
	8月12日	新宿5－18 [43]		
平成3年	4月26日	市谷柳町2先 [206]	3月17日	漱石公園内の夏目漱石像除幕式が行われる
	5月15日	新宿7－2先抜弁天通り [176]	4月1日	東京都庁が新宿に移転、業務開始
	5月26日	西新宿5－18 [58]	12月21日	国道20号線新宿御苑トンネルが開通
	7月4日	西新宿8－1先 [84]		
	11月14日	西早稲田2－4先 [164]⇒高田馬場1－5（らんぶる）[141]		
	12月8日	歌舞伎町1－2 [46]		
	12月12日	西早稲田3－2 [171]		
平成4年	1月11日	新宿3－35先 [15]	3月21日	「林芙美子記念館」が開館
	1月12日	歌舞伎町1－19（新宿コマ劇場）[26]	3月21日	百人町三丁目住宅が完成
	3月11日	中落合2－5（聖母病院）[120]		
	5月6日	信濃町35先 [220]		
	5月15日	新宿3－1先・3－14伊勢丹百貨店 [16]		
	5月19日	百人町1－10先 [101]		
	5月24日	中落合3－12先 [122]		
	6月7日	新宿1－10（随園別館）[39]		
	6月18日	歌舞伎町2－27先（新内流し）[34]		
	8月16日	霞岳町（明治神宮水泳場）[222]		
平成5年	2月20日	新宿3－34先 [14]	4月15日	神田川の浄化が進み、天然アユが戻る
	3月20日	河田町8（東京女子医大付属至誠病院1号館）[178]⇒高田馬場1－5（早稲田松竹）[139]	4月22日	小泉八雲記念公園が開園
	5月3日	西早稲田2－17（新早稲田館）[165]⇒新宿4－1（旅館街）[21]	4月26日	落合中学校新校舎が完成
	6月17日	市谷本村町5（防衛庁陸上自衛隊市ヶ谷駐屯地1号館）[201]		
	9月12日	歌舞伎町1－30先 [29]		
	10月23日	新宿駅西口地下街 [62]		
平成6年	3月2日	西新宿1－2（西口飲食店街）[67]	4月13日	新宿中央公園大橋が完成、若宮公園が開園
	3月26日	西新宿1－2先 [66]	4月	新宿パークタワーがオープン
	7月23日	西新宿7－5（新宿ロフト）[80]		
平成7年	5月13日	南元町6（旧犬養毅邸）[224]	2月10日	下落合公園が開園
平成9年	3月20日	北新宿2－6 [91]	3月26日	花園小学校が完成
	4月21日	若松町28先 [179]⇒神楽坂6－24先 [197]⇒箪笥町10先 [195]	4月1日	淀橋第一小学校、淀橋第七小学校、同幼稚園が廃止され、柏木小学校と同幼稚園に統合される
	5月23日	西早稲田2－5（鳩の居る家）[166]	4月1日	淀橋第三小学校、淀橋第六小学校、同幼稚園が廃止され、西新宿小学校と同幼稚園に統合される
	10月17日	西新宿6－8（畑）[76]⇒西新宿7－19 [79]	12月19日	都営地下鉄12号線大江戸線（新宿－練馬）が開通
	11月14日	上落合1－8（共同水道）[116]		
平成11年			11月24日	新宿駅西口の「思い出横丁」で火事が発生、28店舗が焼失

著者
加藤嶺夫
一九二九年（昭和四年）東京生まれ。出版社勤務のかたわら東京を散策し、新聞紙上にルポルタージュを執筆。写真集に『東京　消えた街角』『東京　懐しの街角』（ともに河出書房新社）、『東京の消えた風景』（小学館）、『消えた風景を訪ねる　大人の東京散歩』（文・鈴木伸子　河出書房新社）がある。二〇〇四年没。

監修
川本三郎
評論家。一九四四年東京都渋谷区生まれ。著書に『大正幻影』、『荷風と東京』、『林芙美子の昭和』、『小説を、映画を、鉄道が走る』、『いまむかし東京町歩き』など多数。

泉　麻人
コラムニスト。一九五六年東京都新宿区生まれ。著書に『東京ふつうの喫茶店』、『東京考現学図鑑』、『昭和切手少年』、『東京23区物語』、『箱根駅伝を歩く』など多数。

加藤嶺夫写真全集
昭和の東京 1　新宿区

二〇一三年 三 月二七日　第一刷発行
二〇一六年一二月一一日　第二刷発行

著者　加藤嶺夫
監修　川本三郎、泉麻人

発行者　髙橋団吉
発行所　株式会社デコ
〒一〇一－〇〇五一
東京都千代田区神田神保町一－六四
神保町協和ビル二階
電話　〇三－六二七三－七七八一（編集）
〇三－六二七三－七七八二（販売）
http://www.deco-net.com/

印刷所　株式会社東京印書館

ブックデザイン　内川たくや
プリンティング・ディレクション　髙柳昇（東京印書館）
マスタープリント製作　石橋泰弘（堀内カラー　フォトアートセンター）
企画・編集　織田桂
制作　大塚真（デコ）

ISBN978-4-906905-01-0 C0072

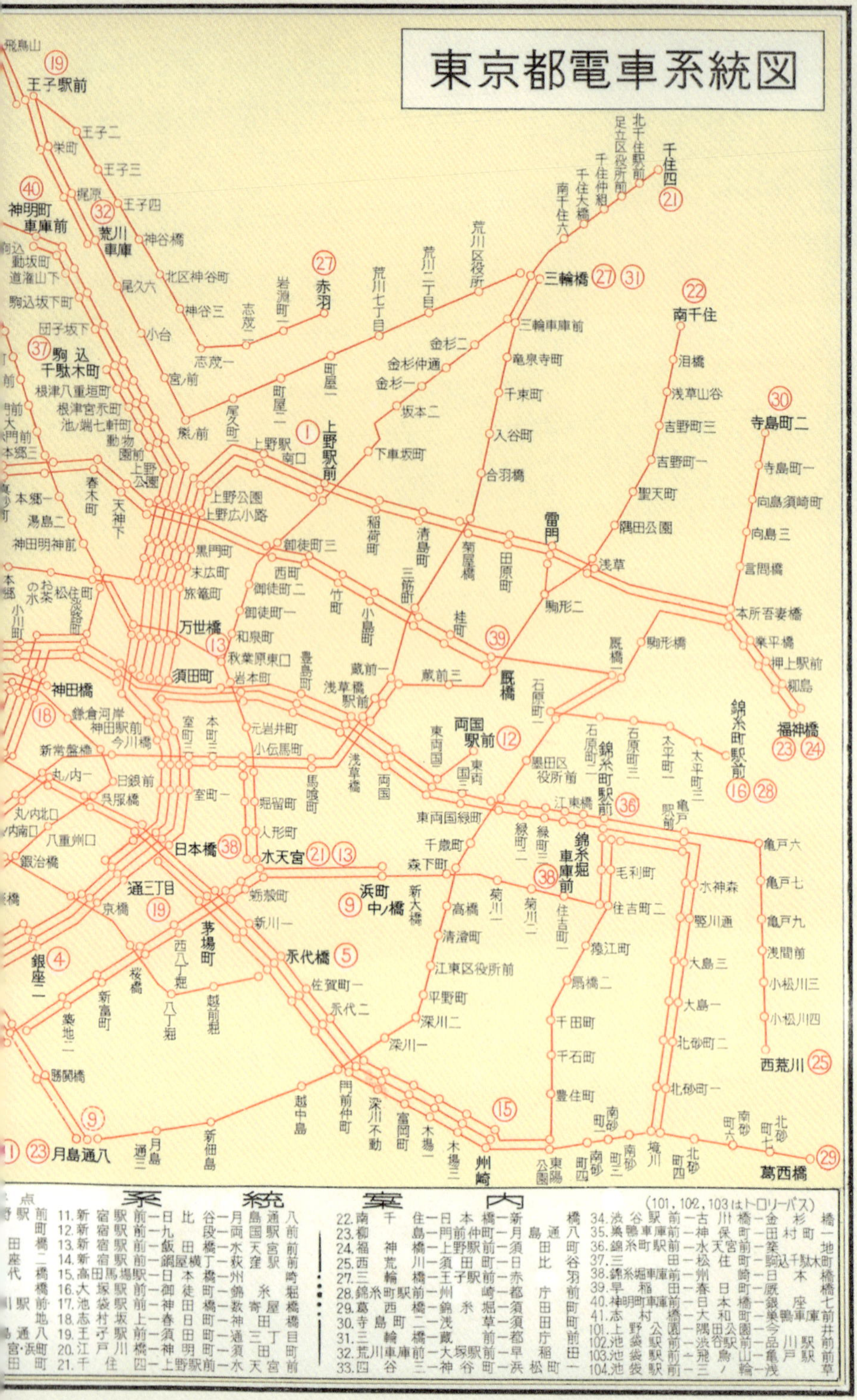

口絵2　昭和38年の東京都電系統図　加藤嶺夫が実際に使用していた『東京都最新区分地図帖』（昭和38年版、東京地図出版）から転載。

都電系統図

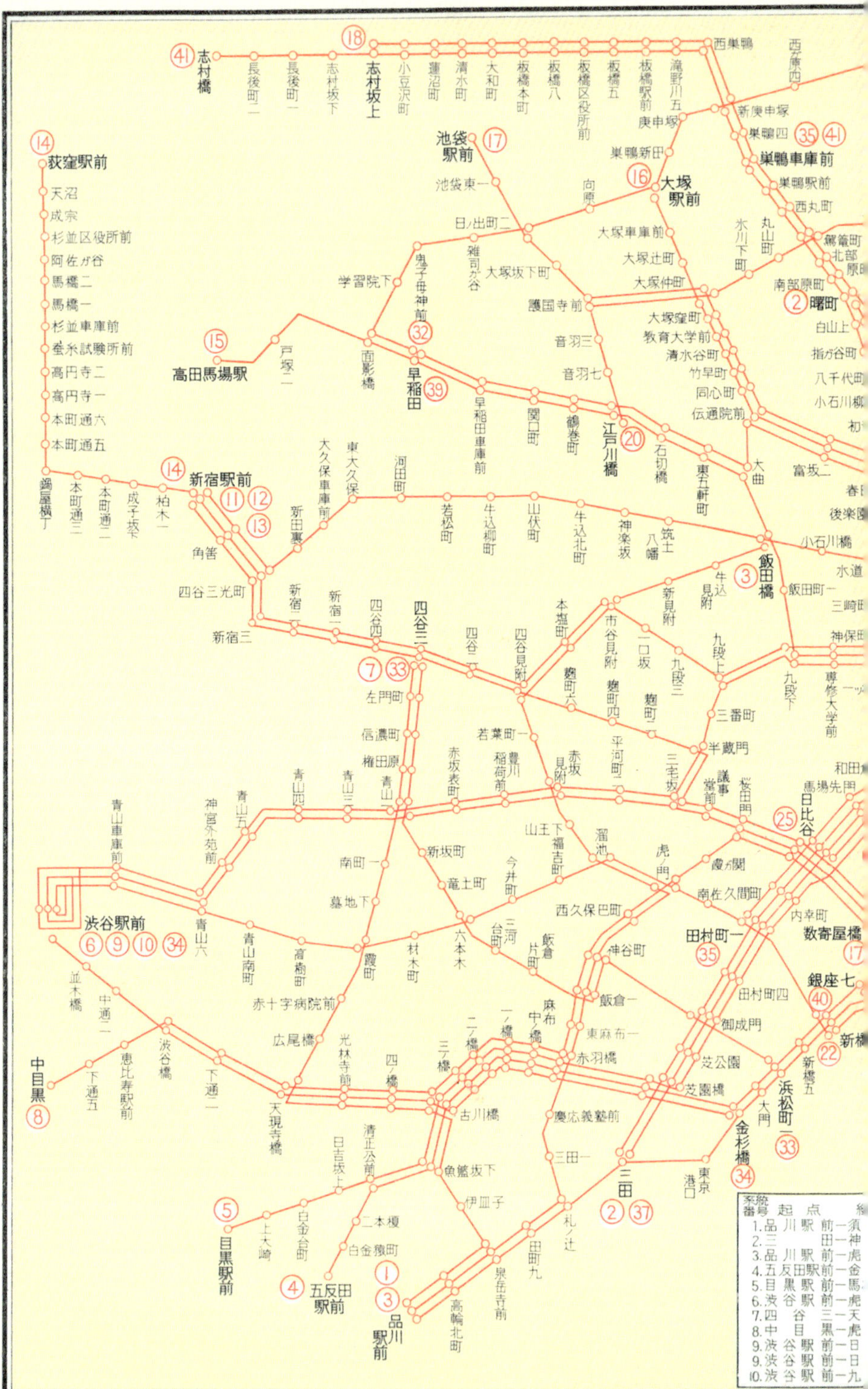
志村橋
長後町二
長後町一
志村坂下
志村坂上
小豆沢町
蓮沼町
清水町
大和町
板橋本町
板橋八
板橋区役所前
板橋五
板橋駅前
滝野川五
西巣鴨
西ヶ原四
新庚申塚
庚申塚
巣鴨四
巣鴨新田
巣鴨車庫前
巣鴨駅前
西丸町
大塚駅前
向原
池袋駅前
池袋東一
日ノ出町二
雑司ヶ谷
大塚坂下町
大塚車庫前
大塚辻町
大塚仲町
護国寺前
氷川下町
丸山町
駕籠町
南部原町
曙町
白山上
指ヶ谷町
八千代町
荻窪駅前
天沼
成宗
杉並区役所前
阿佐ヶ谷
馬橋二
馬橋一
杉並車庫前
蚕糸試験所前
高円寺二
高円寺一
本町通六
本町通五
鍋屋横丁
本町通三
本町通二
成子坂下
柏木一
新宿駅前
学習院下
鬼子母神前
高田馬場駅
戸塚二
面影橋
早稲田
早稲田車庫前
関口町
鶴巻町
江戸川橋
音羽三
音羽七
大塚窪町
教育大学前
清水谷町
竹早町
同心町
伝通院前
石切橋
東五軒町
大曲
富坂二
後楽園
小石川橋
飯田橋
飯田町一
大久保車庫前
東大久保
河田町
新田裏
若松町
牛込柳町
山伏町
牛込北町
神楽坂
筑土八幡
角筈
四谷三光町
新宿三
新宿二
新宿一
四谷四
四谷三
四谷二
本塩町
市谷見附
新見附
牛込見附
一口坂
九段三
九段上
九段下
四谷見附
麹町六
麹町四
麹町二
専修大学前
三番町
半蔵門
左門町
信濃町
権田原
青山一
若葉町一
赤坂表町
豊川稲荷前
赤坂見附
平河町二
三宅坂
議事堂前
桜田門
馬場先門
日比谷
青山車庫前
神宮外苑前
青山五
青山四
青山三
南町一
新坂町
山王下
福吉町
溜池
虎ノ門
霞ヶ関
竜土町
今井町
墓地下
渋谷駅前
青山六
青山南町
高樹町
霞町
材木町
六本木
三河台町
飯倉片町
西久保巴町
南佐久間町
内幸町
数寄屋橋
田村町一
神谷町
田村町四
銀座七
並木橋
中通二
渋谷橋
恵比寿駅前
下通五
下通二
中目黒
赤十字病院前
広尾橋
光林寺前
四ノ橋
三ノ橋
二ノ橋
一ノ橋
麻布中ノ橋
飯倉一
東麻布一
赤羽橋
御成門
芝公園
芝園橋
新橋五
浜松町一
大門
金杉橋
天現寺橋
古川橋
慶応義塾前
三田一
三田
東京港口
魚籃坂下
伊皿子
清正公前
日吉坂上
白金台町
二本榎
白金猿町
上大崎
目黒駅前
五反田駅前
品川駅前
高輪北町
泉岳寺前
田町九
札ノ辻
系統番号 起点
1.品川駅前—須
2.三田—神
3.品川駅前—虎
4.五反田駅前—金
5.目黒駅前—馬
6.渋谷駅前—虎
7.四谷三—天
8.中目黒—虎
9.渋谷駅前—日
9.渋谷駅前—日
10.渋谷駅前—九